本研究为教育部人文社科一般项目"独立后印度国民教育特殊发展路径研究"（项目批准号：18YJA880094）的研究成果

光明社科文库

# 独立后印度国民教育
# 特殊发展路径研究

向元钧◎著

光明日报出版社

**图书在版编目（CIP）数据**

独立后印度国民教育特殊发展路径研究／向元钧著
. --北京：光明日报出版社，2022.11
ISBN 978-7-5194-7018-0

Ⅰ.①独… Ⅱ.①向… Ⅲ.①国民教育—研究—印度
Ⅳ.①G535.1

中国版本图书馆 CIP 数据核字（2022）第 244783 号

## 独立后印度国民教育特殊发展路径研究
### DULIHOU YINDU GUOMIN JIAOYU TESHU FAZHAN LUJING YANJIU

| | | | |
|---|---|---|---|
| 著　　者：向元钧 | | | |
| 责任编辑：宋　悦 | | 责任校对：刘兴华　乔宇佳 | |
| 封面设计：中联华文 | | 责任印制：曹　净 | |

出版发行：光明日报出版社

地　　址：北京市西城区永安路 106 号，100050

电　　话：010 - 63169890（咨询），010 - 63131930（邮购）

传　　真：010 - 63131930

网　　址：http：//book. gmw. cn

E - mail：gmrbcbs@ gmw. cn

法律顾问：北京市兰台律师事务所龚柳方律师

印　　刷：三河市华东印刷有限公司

装　　订：三河市华东印刷有限公司

本书如有破损、缺页、装订错误，请与本社联系调换，电话：010-63131930

开　　本：170mm×240mm

字　　数：186 千字　　　　　　　　印　　张：15.5

版　　次：2023 年 8 月第 1 版　　　印　　次：2023 年 8 月第 1 次印刷

书　　号：ISBN 978-7-5194-7018-0

定　　价：95.00 元

# 序

    教育在一个国家科技、经济和社会等发展中占有举足轻重的地位，起着不容忽视的作用。但是，教育发展却需要投入大量资金。作为印度这样人口众多的发展中大国，在获得政治独立后，经济发展水平低下，人民生活十分贫困，发展资金严重不足，因此在其社会经济发展初期，采取什么样的路径发展教育，就显得十分重要了。

    经过近两百年的殖民统治，印度于1947年获得政治独立。独立后，印度希望通过经济独立巩固政治独立，因此强调大力发展民族经济。而经济发展需要大量人才，包括科学技术人才和社会管理人才，为此印度根据人口众多的实际，选择优先发展高等教育，注意发展职业技术教育的道路。在发展高等教育时，印度稳步发展综合性大学，大力发展具有专业特色的高等学院。经过几十年艰苦努力，印度不仅形成若干具有国际影响力的综合性大学，而且拥有一批世界一流的高等专业学院，如印度理工学院、印度统计学院、印度人口科学研究院等，同时，印度职业技术教育也获得重要发展，建立起具有印度特色的职业技术教育体系。这在一定程度上促进了印度社会经济发展和劳动就业。

    当然，独立后印度教育发展路径也存在一些问题，一是由于重视高等教育发展而忽视基础教育发展，致使初等教育落后，进而高等教育发展基础不牢；二是高等教育规模急剧扩大，政府投入却难以相应增加，导致许多高等教育机构质量不高；三是由于高校毕业生大量增加，而社会经济发展却难以完全吸收，形成受教育者大量失业，并造成人才加速外流等状况。同时，印度职业技术教育发展也存在诸多问题，其中，最重要的问题是其培养出来的人员难以适应社会经济发展需要。

由于印度在社会经济发展方面与中国存在诸多相似之处，因此印度教育发展的路径选择可以为中国教育发展提供某些重要启示。也正因为如此，《独立后印度国民教育特殊发展路径研究》的研究成果，不仅对于印度教育研究，而且对于中国教育发展都具有某些有益的作用。

文富德

四川大学教授

二〇二一年十月六日

于北京

# 目 录
## CONTENTS

第一章 问题的缘起·················································· 1

  第一节 教育的一般发展路径································· 1

  第二节 独立后印度国民教育的特殊发展路径············ 7


第二章 独立后印度高等教育与初等教育的发展比较分析············ **19**

  第一节 教育政策对高等教育的长期偏移··············· 20

  第二节 教育经费投入长期偏向高等教育··············· 29

  第三节 高等教育规模的迅速扩张与难以普及的初等教育········ 46

  第四节 入学率低、辍学率高的初等教育与一流的高等院校········ 57


第三章 独立后印度国民教育特殊发展路径成因分析··············· **63**

  第一节 历史背景··········································· 63

  第二节 政治因素··········································· 70

  第三节 经济因素·········································· 120

第四节 社会影响 ············································· 151

**第四章 独立后印度国民教育特殊发展路径下取得的成就** ········· **161**

第一节 创建了以印度理工学院为代表的世界一流大学 ··· 161

第二节 培养了一批世界顶尖科技人才 ······················· 166

第三节 国家科研实力得到空前加强 ·························· 169

第四节 推动了国家经济的快速发展 ·························· 171

**第五章 独立后印度国民教育特殊发展路径下存在的问题** ········· **175**

第一节 高等教育发展中存在的问题 ·························· 175

第二节 初等教育发展中存在的问题 ·························· 191

**第六章 独立后印度国民教育特殊发展路径的启示** ··············· **202**

第一节 建立国家重点学院系统 ······························ 202

第二节 "印度理工学院"式的精英教育 ······················ 208

第三节 教育领域的跨国合作 ································· 214

第四节 独具特色的三语教育 ································· 217

第五节 职业技术教育与高等技术教育的快速发展 ··········· 224

**参考文献** ··············································· **232**

**后　记** ················································· **239**

# 第一章

## 问题的缘起

### 第一节　教育的一般发展路径

一个国家的政府教育总投资中，初等、中等和高等教育分别占的比例称为政府教育投资结构。这一结构体现了政府对各级教育的重视程度及各级教育发展的优先次序。从理论上来说，每个国家在经济发展的每个阶段都有最优的教育投资结构，政府在某一级教育中的投资高于最优比例，可以认为这个国家优先发展这一级教育；反之，在某一级教育的投资比例低于最优比例，可认为这一级教育被置于一个相对次要的位置，不是优先发展的目标。

无论是发展中国家还是发达国家，教育的一般发展路径为：初等教育—中等教育—高等教育。教育投资结构多呈金字塔状，政府教育投资比例由低到高依次是高等、中等和初等教育，处于塔顶的高等教育的比例最低；处于塔基的初等教育最高，中等教育居于中间。而从舒尔茨的人本理论、教育的公共产品属性和教育公平理论三个方面可以看出，教育发展应当遵循初等教育—中等教育—高等教育这一发展路径。

**一、舒尔茨的人力资本理论**

西奥多·舒尔茨（The odore William Schultz，1902 年 4 月 30 日—1998 年 2 月 26 日），美国经济学家，1979 年获得诺贝尔经济学奖。他分析了无论是在发展中国家还是发达国家，农业发展都是推动工业化的不可或缺的重要条件。舒尔茨认为，人力资本是体现在劳动者身上的一种资本类型，它以劳动者的数量和质量，即劳动者的知识程度、技术水平、工作能力以及健康状况来表示，是这些方面价值的总和。人力资本是通过投资而形成的，像土地、资本等实体性要素一样，在社会生产中具有重要的作用。在人力资本的形成过程中，投资是非常关键的。舒尔茨指出，区分消费支出和人力资本投资支出，无论在理论还是在实践上都是很困难的。但可以将人力资本投资渠道划分成几种类型，包括营养及医疗保健费用、学校教育费用、在职人员培训费用、个人和家庭为适应就业机会的变化而进行的迁移活动等。这些投资一经使用，就会产生长期的影响，也就是说，投资所形成的劳动者素质的提高将在很长时期内对经济增长做出贡献。人力资本投资与其他方面的投资比较起来，投资回报率很高。舒尔茨对 1929—1957 年美国教育投资与经济增长的关系做了定量研究，得出如下结论：各级教育投资的平均收益率为 17%，教育投资增长的收益占劳动收入增长的比重为 70%，教育投资增长的收益占国民收入增长的比重为 33%。与其他类型的投资相比，人力资本投资回报率很高。

人力资本理论认为教育是使个人收入的社会分配趋于平等的因素。人力资本可以使经济增长，增加个人收入，从而使个人收入社会分配的不平等现象趋于减少。因为通过教育可以提高人的知识和技能，提高生产的能力，从而增加个人收入，使个人工资和薪金结构发生变化。舒尔茨认为个人收入的增长和个人收入差别缩小的根本原因是人们受教育水平普遍提高，是人力资本投资的结果。教育对个人收入的影响主要表现如下：首先，工资的差别主要是由于所受教育的差别引起的，教育能够提高个人收入，影响个人收入的社会分配，减少收入分配的不平衡状态；其次，教育水平的提高会使因受教育不同而产生的相对收入差别趋于减缓。舒尔茨认为随着义务教育普及年限的延长，随着中等和高等教育升学率的提高，社会个人收入不平衡状况将趋于减少；最后，人力资本投资的增加，还可以使物力资本投资和财产收入趋于下降，使人们的收入趋于平等化。舒尔茨指出在国民经济收入中，依靠财产收入的比重已相对下降，依靠劳动收入的比重在相对增加，其中人力资本对经济增长的贡献也随之增加。

从以上不难看出，人力资本理论倡导的教育发展优先次序是"初等教育—中等教育—高等教育"。

**二、教育的公共产品属性**

"公共产品"的概念最早由美国经济学家保罗·萨缪尔森（Paul Samuelson）提出，其他学者也都对此有所阐述，已经在经济学等诸多学科领域中得到广泛运用。但迄今尚未发现令人信服的准确定义。原因主要有如下两个方面：一是经济学家们对公共产品有不同的理解，众说纷纭。萨缪尔森最早给出的公共产品的定义是："纯粹的公共产品或劳务是这样的产品或劳务，即每个消费这种物品或劳务不会导致别人对该种产品或劳务的减少。"这个定义突出了产品消费的非竞争性，却忽视了消费过程的非排他险。二是公共产品包括的范围很广，不同的公共产品在供给和需求特征上有很大的区别。后来，萨缪尔森和其他一些经济学家又提出，新思想或新贡献也是公共产品。公共财政学派马斯格雷夫

（Richard Abel Musyrale）将非私人产品按照消费的选择权与强制性划分为"公共产品"和"有益产品"。公共选择学派经济学家布坎南（James Buchanan）从公有产权的角度提出了产品没有公共和私人之分，只有"俱乐部产品"，俱乐部的门槛作为消费竞争性和消费排他性的分水岭，产品的排他性与产权制度密切相关，当产权制度偏向于私人决策时，产品侧重于私人产品的性质，反之则更倾向于公共产品性质。2004年12月26日印度洋海啸使25万人丧生，2005年8月29日的新奥尔良飓风造成巨额损失，促使人们把海啸预警系统和防洪堤墙等都视为公共产品。

那么教育是否属于公共产品？这在国内外学术界是颇有争议的。争议体现在两个方面，一是以什么标准作为认定教育服务属性的依据，二是教育服务的属性是什么。以教育服务的外部性为认定依据，对教育产品属性的认定有两种观点。一种观点认为教育是公共产品，但可转化为私人产品。另一种观点认为，教育从整体上是准公共产品，但不同层次和类型教育的属性有差异。如北京师范大学王善迈教授认为，因为教育具有巨大外部效益，一个人接受了教育，不仅受教育者可以获得经济的、非经济的效益，同时社会也可以获得巨大的经济与非经济效益，从维护社会公平的角度看，教育是不可排除的。因此，"从整体上说，教育是一种具有正外部效应的准公共产品"①，但不同级别与类别的教育，其产品属性特征不尽相同，如义务教育和非义务教育、学历教育和非学历教育、民办教育和非民办教育，等等。有的更接近公共产品，有的则更接近私人产品。

现代经济学之父，自由资本主义的代表人亚当·斯密（Adam

---

① 潘奇.论教育的外部性［J］.湖南师范大学教育科学学报，2008（3）.

Smith）在 1776 年发表的《国富论》第 5 卷就讨论了"为年轻人提供教育机构的开支"。亚当·斯密指出："公众可以通过在每个教区或地区建一所小学校，供普通劳动者和中等收入者的小孩就读，使他们获得基本的技能训练；学校教师的薪金部分（但不是全部）由公众支付。"①亚当·斯密直接指出了劳工们没有知识可能带来的恶性循环，并提出建立公立学校作为补救，他认为这是避免"无知的人们带来可怕的混乱"的最基本手段。也就是说，亚当·斯密认为以公共的资金建立学校的好处是会带来良好的社会秩序。200 多年来，经济学家们不断地补充、强调亚当·斯密对教育公共性的分析。如诺贝尔经济学奖获得者、芝加哥学派的代表人、同样是自由市场资本主义者的米尔顿·弗莱德曼（Milton Friedmann）在 1955 年的一篇文章《政府在教育中的角色》中指出："如果大多数公民不具备最低限度的文化和知识水平，一个稳定和民主的社会是不可能存在的。"② 这两者都有赖于教育的发展。因此，教育不仅对受教育者自己和父母有利，而且有利于社会，让小孩接受教育就是为了建立一个稳定和民主的社会，对他人有利。然而，要衡量个人（或各个家庭）的收益或金钱价值却很难，要对这部分公共服务收费也较难。亚当·斯密、弗莱德曼表达了古典经济学对公共收益的观点：教育能带来更稳定、更民主的社会。弗莱德曼更直接提到了"公民的通识教育"，指出教育有利于推动社会的民主进程。事实上，进行公民教育是美国政府的重要政治传统，美国的创建者之一托马斯·杰斐逊（Thomas Jefferson）认为，教育能使公民行使监督政府的权利，他与

---

① David Stern，陈小红．从经济学角度重新审视美国教育的公共目的［J］．教育与经济，2006．6．

② 范秀双．米尔顿·弗莱德曼论政府在教育中的作用思想述评［J］．外国教育研究，2004（4）．

同时代的亚当·斯密一样，认为教育是一种公共产品，因此，公众有义务投资教育。巴罗（Robin Barlow）教授在1970年的一篇讨论美国地方学校财政效率的论文中认为，教育是一个纯粹的公共物品。不言而喻，义务教育作为公共品由政府提供经费，不仅在国内得到一致认可，而且已成为世界各国的共识。

### 三、教育公平理论

回顾历史，无论是在东方还是西方，在人类社会早期能够接受教育、享有受教育权利的人都是社会中的特权阶层，等级制度往往对受教育权利进行了严格地划分。这其中也不乏有许多进步的教育家和思想家，他们对劳动人民寄予深切的同情，对等级制表示极大愤怒，17世纪捷克的民主主义教育家夸美纽斯就是其中的代表。夸美纽斯的教育思想适应了正在兴起的资产阶级的要求，为资产阶级教育学说的发展奠定了坚实的基础。夸美纽斯生活在封建社会和资本主义社会交替的时代，继承了文艺复兴以来人文主义优秀的教育成果，他认为所有的儿童都具有发展的可能性，并从"泛智论"出发提出了普及教育的要求。

随着18世纪法国思想启蒙运动的兴起，启蒙思想家针对森严的等级则提出了天赋、人权、自由、平等、博爱的口号，并对没落的封建制度进行了猛烈的抨击。进步教育思想家卢梭在其教育著作《爱弥儿》一书中，详细地阐述了他的教育思想。他发展了人生而平等的思想，认为各种等级的人都是一样的、自然的需要人人都是一样的，满足需要的方法人人都是相同的，他提出了"自然教育"的思想，认为教育要按照儿童个性的发展来实施，要考虑儿童的年龄特征和心理特征，而不应依据等级、财产和职业的不同去进行教育。卢梭崇尚人人享有平等和自由的教育，坚决反对封建专制对人的摧残和压制。

詹姆斯·S. 科尔曼（Coleman S. James）认为"教育机会均等"可以归纳为四种含义：一是在前工业社会中，家庭是生产单位，并承担着社会福利和教育的职责。二是在工业社会中教育机会均等发展到面向人民群众子女的、基础的、义务的、公款资助的教育。三是欧洲的自由主义者和社会主义者着眼于能够建立为所有儿童提供同样机会的教育系统，也就是说，不论其社会出身，人人都能够不受限制地根据机会均等的原则受到教育。四是在自由主义的理论中，教育机会均等被理解为受教育结果或学业成绩的均等。此后科尔曼又进一步发展了"教育机会均等"的概念，使其由没有均等目标出现到创办面向劳动人民子女的义务教育，到为所有儿童提供同样的教育机会，最后发展为追求教育结果的均等。另外，他还指出教育机会均等"只能是一种接近，永远也不可能完全实现"。

## 第二节 独立后印度国民教育的特殊发展路径

### 一、1947 年：初步确定走高等教育优先发展的路子

印度有悠久的历史和光辉灿烂的文化。在古代，印度在数学、医学、冶金和天文学方面都居于世界领先地位，但在 17 世纪以后，由于帝国主义的入侵，印度逐渐衰落下来。1947 年 8 月 15 日，印度人民通过长期不屈不挠的斗争，摆脱了英国殖民者近 200 年的统治，取得了民族独立。独立时，政治动乱，经济崩溃，饥荒蔓延。面对百业待兴的局面，印度当时的领导人，特别是尼赫鲁意识到，要维护民族的独立，振兴国家并实现现代化，就必须发展民族经济，使国家富强起来，而国家

富强的关键，又在于科学和教育的发展。因此，教育事业作为社会经济发展的基础，受到了印度政府的充分重视，优先发展起来。并且，印度在国民经济发展的各个阶段，政府都相应地制定了教育发展政策，把教育发展计划纳入国民经济发展计划之中。例如当时，印度政府就提出，"国家必须承担教育的责任，教育是国家最迫切的事业"，国家"应把发展教育计划作为国民经济计划的主要部分之一"。①

几十年来，印度的经济有了较大的发展，印度在 2021 年最后三个月超越了英国，成为第五大经济体。② 甚至在 2022 年牛津经济研究院的报告中直接提到了"印度到 2035 年将会是全球经济增速最快的国家"。该国的教育事业也得到了迅速的发展，尤其是高等教育发展极快，成为"高等教育大国"，2020 年世界高校联盟统计，印度有 8410 所大学，数量排名世界第一。印度高等教育虽然在英国殖民统治时期的 1857 年就已建立，但印度现代高等教育的大发展是在独立后的 20 世纪 50 年代开始，20 世纪 60 年代达到高潮，20 世纪 70 年代末放慢，1986 年以来又进入新的发展高潮。发展速度之快、规模之大，不仅在发展中国家名列前茅，在世界上都是罕见的。

印度中央政府先后颁布了一系列教育政策法规，为印度各个五年计划的社会经济发展培养了大量的各个层次的人才。由于社会经济发展的要求和殖民统治时期重视高等教育、轻视基础教育思想的影响，印度独立后始终把高等教育作为教育发展的重中之重，使其超常规发展。仅从高等学校数量变化和高校学生数量变化，就能窥见其一斑。印度高等学

---

① 邓存瑞，印度大学毕业生"过剩"与短缺问题及对我国的启示［J］．有色金属高教研究，1988（3）．
② 被印度超越，英国沦为世界第六大经济体［EB/OL］．新浪网，https：//k. sina. com. cn/article_ 2868676035_ aafc85c3020012sv9. html，2022-09-02.

校数量从 1950—1951 年度到 1984—1985 年度平均每年增加 120 余所高校，每月约增加 10 所高校，且持续达 35 年之久，尤其是 1960—1961 年度到 1970—1971 年度这 10 年中高校数量翻了一番，高校学生数从 1950—1951 年度到 1984—1985 年度平均增长率为 9.2%，增长最快的是 1955—1956 年度到 1970—1971 年度，学生数平均增长率高达 13.4%，呈高速增长态势，而同期高等教育较为普及的西方发达资本主义国家中美国仅为 4.7%，日本为 5.5%，最高的瑞典为 8.5%。由此可见，印度高等教育进入空前大发展时期，不仅在发展中国家是突出的，而且在世界范围内也是罕见的。

印度政府把发展高等教育视为印度实现全面现代化的助推器。为满足工业现代化、农业发展以及社会改革的需求，印度把高等教育计划列入国民经济发展计划之中，通过立法保证重点院校的发展。在随后的几十年中，国家通过对高等教育的倾斜政策，高等教育得到快速发展，为印度实业筑起一道坚固的政治堤坝，也为印度全面推进现代化真正打开了大门。然而，百废待兴的印度社会，要想实现经济的快速发展必定面临着重重困难。可以说，印度的独立为其现代化发展提供了必要条件和巨大的发展空间，独立后数年，虽然取得了较大成绩，但由于先进技术和研究人员的短缺、地区教育的不均衡、落后传统制度的阻碍、公民参政议政能力低等问题的存在，在很大程度上影响了印度现代化的进程。正是在这种时代背景下，印度开始了其独具特色的高等教育发展之路。印度高等教育采用了跨越式发展模式，集中表现在大批高等教育机构的建立，在校大学生人数的急剧增加及培养了大批高科技人才。而这正是独立后印度社会经济发展的需要及政府政策倾斜的结果。

## 二、1950—1985 年：政策上持续对高等教育的重视

教育作为一种社会活动，与一定社会的政治经济有着密切的联系，并在很大程度上为一定的政治经济所制约。独立后印度高等教育的迅速发展，正是印度社会政治经济发展需要教育的结果。这种发展同时也受到某些理论因素的推动，而印度高等教育行政法规的颁布和修订对其发展产生了不可忽视的影响。

印度高等教育大发展受到了西方教育思想的较大影响，特别是美国教育学家舒尔茨的人力资本理论的影响。舒尔茨指出："在印度受过高等教育的人的收入分别是受过中等教育、初等教育及文盲的 3.2 倍、5.2 倍和 11.9 倍。"① 这种收入上的巨大差距激发了人们对高等教育的需求和渴望。政府为适应这种强烈需求就加大对高等教育的投入及政策上的倾斜，使其加速发展。与此同时中央政府还放宽了对邦发展高等教育的限制，如：1956 年通过的《大学拨款委员会法》取消了建立大学要中央政府认可的条款，这极大地增强了各邦高等教育办学的自主权。

印度关于高等教育一些法规的颁布和修订，也让高等教育得以迅速发展。这得从 1951 年的《大学（标准管理）议案〔The University（Regulation of Standard）Bill〕》谈起。根据印度宪法关于中央政府有权管理高等教育的规定，印度教育部起草了《大学（标准管理）议案》。《议案》提出了六点基本原则：（1）未经中央政府批准，在本法实施后任何根据邦立法建立的大学将不被认为是大学；（2）中央政府公开宣布任何高等教育机构为大学；（3）除大学外，任何机构无权授予学位；（4）为了协调工作和确定标准，应成立大学教育中央委员会

---

① GUPTA M L., Equality of Opportunity in Education: A Case for Correspondence Education [J]. The Education Quarterly, 1977 (7): 10.

（Central Council of University Education），其成员至少有 1/3 是大学副校
长；（5）中央委员会可以要求大学提供该大学任何方面的材料，并有
权指导任何大学执行已被指定的活动；（6）如果大学在一定时期内不
执行大学教育中央委员会的指示，委员会有权建议中央政府取消对该大
学授予的学位的承认。《大学（标准管理）议案》于 1952 年 9 月通过，
赋予中央政府管理和控制高等教育的较大权力。

《大学（标准管理）议案》的通过及实施，对控制这一时期印度高
等教育的扩充和质量的提高起到了较大作用，然而它却遭到印度社会尤
其是各大学的强烈反对。例如，印度大学间委员会（Inter‑University
Board）于 1952 年 9 月在马德拉斯召开了一次特别会议，与会者全是大
学副校长。会议的基本点就是反对《议案》。① 为了缓和中央政府和各
大学之间的冲突和改善它们的关系，印度政府于 1953 年成立了大学拨
款委员会（University Grants Commission），作为政府与大学之间的缓冲
机构。印度议会于 1956 年通过《大学拨款委员会法》，从而使大学拨
款委员会正式成为一个协调和维持高等教育标准的法定机构。《大学拨
款委员会法》取消了建立大学要中央政府认可的条款，规定各邦可以
根据邦立法建立任何大学而无须取得大学拨款委员会的同意，从而大大
增加了各邦对高等教育的权力，加速了高等教育的发展。

印度独立后高等教育改革的过程，从一定程度上说也就是高等教育
领导体制和政策措施不断改造与完善的过程。1948—1966 年，印度政
府推行了一系列高等教育发展建议，使高等教育获得了史无前例的大发
展。在高等教育领导体制改革方面，为体现国家对高等教育的重视，印
度通过宪法形式规定中央政府和邦政府共同领导和管理高等教育的权

---

① 陈武林，陈小娟.政府与高校教育评估治理关系的印度经验 [J].高教探索，2016
（6）.

力。同时，为减少中央干涉，促进地方高等教育的发展，宪法还明确了中央和邦政府的职责范围。按照印度宪法规定，除中央政府直接管理的几所大学外，剩余大学全部由邦政府管理，所有邦立大学的设立，都必须由邦政府许可，邦立大学的活动经费大部分由邦政府发放。这种高等教育领导体制，极大地促进了地方大学和学院的建立。在 1948—1966 年的 19 年间，印度共建立大学 46 所，学院 2424 所，其中地方大学和学院占了大部分。在教育政策改革方面，印度政府认为，独立前的教育制度已不再适应独立和自由的印度，需要逐步建立新的教育制度，以适应国家发展战略和社会发展目标。1948 年印度高等教育委员会制定新的高等教育发展方针，肯定了对旧教育体制改革的重要性，强调要建立新的教育制度，并确立了高等教育的总任务和为社会服务的目标。突出了公民有平等的接受高等教育的权利，高等教育应向全体公民开放。大学不应有阶级、性别、种姓和宗教信仰的差别，而是应向所有学生提供最好的教育。为实现高等教育的发展目标，印度大学教育委员会还在 1966 年制定了"二十年高等教育综合发展规划"。这些教育政策保证了印度高等教育改造的顺利进行。[①] 印度第一阶段的高等教育改革，主要是围绕国家现代化战略展开。教育行政部门较系统地制定了高等教育的发展蓝图，高等教育政策体现了对传统教育制度的改革和扬弃，并为高等教育的发展提供了法律保证。印度通过不断加强和完善对高等教育领导体制和教育政策的改革，制定 20 年高等教育综合发展规划，使高等教育得到迅猛发展。

### 三、1986—2000 年：基础教育逐渐受到重视

印度自 1947 年推翻了英国的殖民统治，实现了民族独立后，大力

---

① 曾向东. 印度现代高等教育 [M]. 成都：四川大学出版社，1987：198.

发展高等教育，经过多年努力，建成了庞大的高等教育体系，为印度的现代化战略培养了一大批技术人才。但与此同时，印度高等教育的跨越式发展也暴露出一些问题。因为印度的高等教育的快速发展在一定程度上是以牺牲基础教育为代价的。印度过分重视高等教育而忽视基础教育，导致印度文盲人数居高不下。正如英国比较教育学家埃德蒙·金所指出的："战后印度的主要问题之一是离开了初等教育的坚实基础去大力发展高等教育，这是一种'蘑菇云'状况。"由于印度初等教育十分落后，所以其高等教育先天不足，体弱多病。从长远利益来看，对于发展中国家来说，普及基础教育是最重要的。印度诺贝尔经济学奖获得者阿玛提亚·森在同印度各政党领袖会一谈时指出，印度国民在知识水平、智力水平上的差距很大，印度应当重视基础教育，在基础教育和经济自由化方面应当效仿中国，中国基础教育的普及是其社会经济快速发展的重要原因。基础教育和高等教育有密切的联系，基础教育落后，进入高等教育的学生质量也就差，高等教育毕业学生质量差，又会反过来影响到基础教育的质量，所以，基础教育的落后直接影响了高等教育的进一步发展。

印度国家领导人逐渐意识到了基础教育的重要性，在 1986 年的《国家教育政策》中，在对初等教育的规定方面除了注重 14 岁以下儿童教育的普及以外，更加注重儿童的持续学习情况，以及对教育质量的提高。同时，该政策提出"操作黑板方案"（operation Blackboard Scheme），以改善正规初级小学（1-5 年级）的基本设施。该方案从 1987-1988学年开始实施，力图使全印的初等学校具备最起码的物质条件，即：至少要有两间教室；至少要有两名教师；要有最基本的教学材料，包括黑板、地图、玩具、手工用具和小图书室。从 1994 年起，该方案开始向高级小学延伸。1988 年印度颁布的《国家初等和中等教育课程框架》

中提出了最低的学习标准的概念，指出了初等教育的学生在知识、能力方面应该达到的最低水平。这一概念的提出，既有助于形成全国各地普遍一致的认识，保证教育的公正性，又有利于提高初等教育质量。为了促进教育公平，1986 年的《国家教育政策》中提出要发起"非正规教育计划"，其教育对象为辍学者、居住地没有学校的儿童和因工作原因不能上全日制学校的儿童和女性；内容包括要创造供人分享的学习环境并提供一些文娱类活动来改善教育环境，通过现代技术手段编写高质量学习材料和师资培训等措施提高非正规教育质量并使之能够与正规教育相匹敌；此外，中央政府和乡村机构要为非正规教育提供充足到位的资金支持。1990 年在泰国的乔姆梯恩召开了"世界全民教育会议"之后，印度开始接受外部对初等教育的援助。1992 年出台的《国家教育政策行动纲领》更是把县作为普及初等教育的规划单位，提出了在全国各县普及初等教育，提高教育设备质量以及加强社区民众积极参与学校建设的方案。1993 年出台了《县初等教育计划》（简称 DPEP），提出由县为普及初等教育的规划单位，从而确保了初等教育的实施。正是在政府的支持和引导下，印度初等教育得到大力普及。1994 年印度启动并实施了开放式基础教育计划，其目的是通过开放的替代教育方式向无法进入正规教育系统的成年新文人（即小学毕业生）提供初等教育。从1993 年到 2002 年，国家教育总开支从 GDP 的 3.6%上升到 4.1%，基础教育开支从 GDP 的 1.7%上升到 2.1%，占这一时期国家教育开支增加部分的 60%以上①。

———

① 吴建冰，凡尼塔·考尔，迪帕·桑卡尔，雪芹（译). 印度静悄悄的教育革命 [J]. 国外社会科学文摘，2005（6）.

### 四、2001 年至今：高质量的高等教育与逐渐普及的初等教育

独立 70 多年来，印度的高等教育已经形成完备体系。许多印度大学在国际上享有盛誉，如德里大学、尼赫鲁大学、加尔各答大学等，为国家培养了大量高水准的科技、管理和人文等方面的人才。印度在校的大学生人数远远超过中国，其科技人员的总数仅次于美国居世界第二位。高等教育的大发展给印度的社会、经济、教育、科技等发展带来巨大的变化。

首先，高等教育投资规模宏大、人数众多，为打造一个知识型的社会，印度政府构建了庞大的高等教育体系。印度一直将高等教育作为教育发展的重心，希望能够通过发展高等教育增强其人才的国际竞争力。为了发展高等教育，印度政府不断增加对高校的经费投入，一般占全年教育经费的20%，有时更多。据有关统计，政府对高等教育的开支以卢比计算，第一个五年计划（1951—1956 年）为 1.4 亿，第二个五年计划（1956—1961 年）为 2.8 亿，第三个五年计划（1961—1966 年）为 8.8 亿，第四个五年计划（1969—1974 年）为 17.5 亿，第五个五年计划（1974—1979 年）为 29.2 亿，第六个五年计划（1980—1985）为 48.6 亿。从这些数字不难看出，高等教育经费在不断增加，而且增长幅度较大。

同时迅速地扩大了高等教育的规模。印度高等教育经过多年大发展，在数量上急剧增加，在一定程度上满足了民众对高等教育的需求，提高了人民的文化素质和技能。同时在大发展期间仿照美国麻省理工大学院模式建立的 5 所印度理工学院以及中央直属的德里大学、孟买大学、加尔各答大学、班加罗尔印度科学学院等高校，经过发展已成为与世界一流大学相媲美的重点高校，为印度现代化建设和科技的发展作出

巨大贡献。此外，印度科技得到了飞跃发展，印度科技人才遍布世界各地。近年来，软件业已成为印度增长最快和最重要的出口行业，印度已经成为软件超级大国。

印度高校专业设置也很齐全。印度的大学可以分为四个类型。第一种为综合性大学，由大量学院组成，这类大学中规模大的学生人数已经突破 20 万。加尔各答大学、孟买大学等十余所大学的学生人数都在 10 万以上，这些综合大学中有多所在世界上名列前茅，成为世界一流大学。第二种为专业大学，如阿拉哈巴大学、勒克瑙大学等。第三种为农业大学，它们分布在各邦并由各邦管理。1947 年印度独立时，尽管已拥有 18 所大学和 636 所各类学院，入学人数也有 22.5 万人。但还没有专门的农业大学，仅有的 17 所农学院，每年招生的农科学生人数不超过 500 名。独立后，印度政府把农业教育看成是发展农业不可分割的一部分，兴办了许多各级各类农科大学（含林业、渔业、兽医、园艺及奶业技术等）和农科类院、校，构筑了结构独特、规模庞大的高等农业教育体系。第四种为理工大学，20 世纪 80 年代后期以来，为了适应国家经济建设的需要，更多的理工大学应运而生，有些理工大学以培养一流计算机人才而著称。

初等教育方面，21 世纪以来，积极发展初等教育已成为印度的战略性选择。为进一步普及初等教育入学率，提高教育质量，印度政府于2001 年启动初等教育普及项目（Sarva Shiksha Abhiyan，SSA）。初等教育普及项目计划到 2010 年前为所有 6～14 岁的儿童提供初等教育，同时鼓励社区积极参与学校管理，缩小所有的社会、性别和地域差距。在五年计划（2002—2007 年）中，印度中央政府（Government of India）确立了一个加快印度经济和社会发展的目标："把印度从农业经济转变为现代多维经济引擎；从传统的阶层社会转变为一个平等的社会"。印度政府认识到提高和加强教育是实现这一国家目标的关键。初等教育普及化因而成为印度中央政府教育优先政策的最高目标。第 86 次修订后的印度宪法规定了印度政府初等教育普及化应达到的目标，即让全部 6~14 岁的印度儿童获得接受初等教育的基本权利。

同时，印度政府不断大规模增加政府教育支出。1981 年的政府教育支出占 GDP 的比例为 0.3%，2001 的，政府教育支出占 GDP 的比例达到 4%，其中 1.5% 的 GDP 用于初等教育支出；1.1% 的 GDP 投入到小学教育中；0.4% 的 GDP 用于初中教育。

印度政府鼓励非政府组织、私人部门和国际力量等第三方资助扩大公立学校、私立学校和计算机教育规模，提高教学水平。自 20 世纪 80 年代以来，初等教育部门大规模地向第三方开放。越来越多的国际机构如联合国教科文组织（UNESCO）、联合国开发计划署（UNDP）、联合国儿童基金会（UNICEF）、欧盟、世界银行和亚洲发展银行积极参与印度教育部门的活动。许多发达国家及其相关机构如瑞典国际开发署（SIDA）、挪威发展合作署（NORAD）、荷兰和日本等向印度提供双边教育赠款。印度政府采取的一系列初等教育促进措施如地区初等教育计划（DPEP）就得到了国际性联合援助。

21 世纪的前 5 年，印度经济形势一片大好，连续几年经济增长率超过 8%，2006 年的经济增长率接近 9%。在经济发展背景下，印度政府于 2006 年 12 月推出"十一五"计划（2007~2012 年），制定了包括教育在内的经济社会发展规划。该计划强调社会包容性增长，希望通过大力发展教育、卫生等公共事业来消除社会鸿沟。在初等教育问题上，印度"十一五"计划对初等教育的普及、初等教育教育公平、初等教育质量提升等问题都作出了宏观规划。此期间初等教育不仅获得更多的教育公共支出支持，中央和邦政府总的教育公共支出估计为 1244797 千万卢比。其中，35% 为计划性支出，65%为非计划性支出。大概 43% 的教育公共支出投入到初等教育，25% 投入到中等教育，32%投入到高等教育。在邦政府的教育公共支出方面，75%的支出用于学校教育，其中44% 用于初等教育，30% 用于中等教育①。"十一五"期间，印度初等教育师资的补益有了实质性的增长。所有被批准的教师职位在初等教育普及计划和邦预算都完成的情况下，印度生师比达到 27：1。这显然已经高出"十一五"中所提出的"生师比从当下的40：1 调低至 30：1"目标。在初等教育普及计划的指导下，印度学校的基础设施建设有了较大规模的发展。

---

① Planning Commission, Government of India. Twelfth Five Year Plan（ 2012—2017 ）, Social Sectors, Volume III ［R］. New Delhi, 2013：47-52.

第二章

# 独立后印度高等教育与初等教育的
# 发展比较分析

　　印度庞大的教育体系的发展——计划化的伟大成就是发展了一个庞大的教育体系——居世界第 3 位。与 1950—1951 年度入学总人数 0.239 亿人相比，1984—1985 年度达到 1.275 亿人，增加了 5 倍。小学入学学生从 1950—1951 年度的 0.192 亿人增加为 1984—1985 年度的 0.839 亿人，其中 6 至 11 岁年龄组人口的百分比从 1950—1951 年度的 31%上升为 1984—1985 年度的 94%。初中水平总入学人数从 1950—1951 年度的 310 万人增加为 1984—1985 年度的 0.257 亿人，其中 11 至 14 岁年龄组人口的百分比从 1950—1951 年度的 13%上升为 1984—1985 年度的 50%。同样，高中水平的总入学人数从 1950—1951 年度的 120 万人增加为 1984—1985 年度的 0.161 亿人，其中占 14 至 17 岁年龄组人口的百分比从 1950—1951 年度的 5.3%上升为 1984—1985 年度的 32.4%。高等教育（大学和学院）学生入学总数从 1950—1951 年度的 36 万人增加为 1984—1985 年度的 368 万人。教育系统的巨大发展是计划时期的伟大成就。[1]

　　印度教育的发展受到了多方面的影响，有教育政策、国家财政状

---

① Teenna Sawhn, All About-Indian Higher Education System, 2011.8

况、教育经费、社会经济状况、人民的生活质量、社会重视程度、产业发展、国际合作等宏观方面的,也有教育规模、示范院校、入学人数和入学率等微观层面的。印度独立后逐渐走上工业化道路,急缺高层次的技术和管理人才,高等教育作为人才的输出口,得到了国家的高度重视,所以高等教育在有限的教育资源中获得了较为丰厚的一部分。

## 第一节 教育政策对高等教育的长期偏移

### 一、初等教育政策

（一）管理机构

政府对于初等教育的管理权利,由中央逐渐下放地方,分权管理使得初等教育法发展更加灵活,适应当地的社会环境和经济发展需要。中央制定政策;地方贯彻执行,分学区管理;私立小学校,设置管理委员会,公立小学则放任自由,私立小学校长学历普遍较高。

印度庞大的教育机构网络进行统一计划,基层部门的配合是必不可少的,在管理权力的配置上面,下放地方,中央统筹管理。1952年的社区发展计划,就是分权政策下的一系列行动。1957年的梅赫塔委员会在报告中倡导设置县、区、村三级管理结构。其中区是经费、权利等各方面最基本的单位,但由于上级县控制太机械,下级村可用的物质和人力资源缺乏,加之官僚主义严重,导致三级管理体制最终运行困难。1986年印度政府提出《国家教育政策》的改革中,再次强调分权,但由于没有宪法的强制性,各单位不够重视,使得政策没有得到很好的落实。八五计划要求实施县级初等教育计划，其《行动纲领》指出县在邦的协助下，详细制定各项活动及时间限制，明确职责等。总目标是建立整个县的初等教育，是一个整体改革的方案。

1993 年正式施行县级初等教育计划，将县分为：识字率高的县，入学已达到普及水平，主要措施侧重于提高质量；全民识字运动较为成功的县，已经有了初等教育的需求，主要措施侧重于提供更多资金予以满足需求；识字率低的县，问题还较多，设备设施不足，人民学习意识薄弱，主要措施侧重于女童和社会弱势儿童教育问题的解决。

（二）法律保障

1. 宪法的规定

独立后，1950 年《宪法》第 45 条就规定，要在 10 年内对 14 岁以下儿童实施免费的义务教育。

2. 修正案

为保障初等教育普及计划（SSA）的顺利执行，同时更是为了彰显政府对普及初等教育的决心，印度政府于 2002 年出台的《宪法》第 86 次修正案，新加入第 21-A 款。①该条款指出：为全印度所有 6～14 岁儿童提供免费的义务教育，将作为一项儿童基本权利，以法律的形式固定下来，成为一项国家政策。2009 年，《免费义务教育儿童权利法案》的出台，表明在《宪法》第 21-A 条指导下，义务教育成为儿童的基本权利，这原本只是一项法律上的设想，现在却成了现实，这意味着每一个儿童都有权在正规学校接受全日制的、教育质量令人满意的、教育结果公平的初等教育，这些正规学校能够满足政府规定的一些基本标准和规格。需要强调的是，促使印度《宪法》中加入第 21-A 条和 2009 年议会通过《免费义务教育儿童权利法案》的主要动力，是由于针对表列群体儿童的初等教育保留政策执行的状况不佳，以往教育政策对部分落后群体儿童无法触及，以及初等学校的教育质量有待提高等问题。

《免费义务教育儿童权利法案》的颁布可谓意义重大，它从法律角度第一次规定了接受免费的义务教育，是印度全国所有儿童的一项基本权利，任何人不得剥夺适龄儿童接受免费的初等教育。该法案于2010年4月1日生效，从字面理解为该法案要为儿童提供的是"免费和义务"的教育。"免费教育"意味着在初等教育阶段任何儿童（包括男童和女童），不需要支付任何入学手续费和其他学杂费用。"义务教育"赋予相关政府和当地权力部门一项义务，要保证所有6~14岁儿童的入学，在校学习和顺利完成初等教育。除此之外，该法案还具有以下特征：（1）儿童有权利在临近住所的学校接受免费的义务教育直至完成学业。（2）它明确了政府、其他权力机关和家长在提供免费义务教育方面的责任和义务，明确了中央政府和邦政府在共同分担财务和其他责任的权利和义务。（3）它还包括为生师比、教学楼和学校其他基础设施的建造、学校总体工作时间以及教师工作量建立标准。（4）它通过明确每所学校现存的生师比，合理地分配教师，而不是对所有邦或县或乡都用一个均值，这就确保了在教师安置问题上没有出现城市—农村不均衡的现象。它还规定了禁止教师从事非教育工作（全国每10年人口普查，当地权力机关的选举，邦立法机关和议会选举以及赈灾等事项除外）。（5）它规定了作为教师所必须拥有的资质。（6）还包括以下规定：①禁止对儿童进行体罚和精神折磨；②禁止公布儿童的录取过程；③禁止按人收费；④禁止教师私人征收学费；⑤禁止无资质经营学校。（7）它规定了课程的发展要与宪法规定的价值观相一致，确保儿童的全面发展，以建立儿童的知识结构，塑造潜能和发展天赋为基础，通过以儿童为中心的学习，使儿童远离恐惧、创伤和焦虑。

虽然《免费义务教育儿童权利法案》的颁布时间相对较晚，但是它对儿童教育权利的规定与初等教育普及计划（SSA）中儿童教育权利的实施策略却极为相似。它的颁布不但为初等教育普及计划（SSA）提供了法律依据，而且使初等教育普及计划（SSA）在执行过程中的标准和方法也进行了部分调整，对自身的相关内容进行了完善，使初等教育普及计划（SSA）能够更为全面地为普及免费初等教育做出努力。

（三）教育改革

1. 改革的主要方向

教育制度方面，印度人民急需生存技能，但印度的教育模式和社会对人力的需求还存在差距，如此教育模式难以吸引印度人民上学。因此对于课程问题的改革，初等教育除了开设基础课程外，还应开设与当地发展相关联的技术课程。重视数学、语言、知识与实践结合，还有道德教育、艺术培养和身体健康。

2. 改革的具体政策

英国殖民时的教育，只惠及少部分人群。独立后提高入学率，10+2+3学制，正规与非正规相结合，推进免费义务教育。大力发展非正规教育，普及初等教育，从国家办学转为地区办学，社区作为最基本的管理单位，县教育委员会管理。设立最低知识水平兜底的要求，开展兜底工作。

2001年9月开启的初等教育普及计划SSA将本计划之前所有旨在发展初等教育的计划都纳入初等教育普及计划。初等教育普及计划在其目标定位上设置得比以往的计划更为详细，可执行度更高。制定了完成各项子目标的时间，具体的举措，教学数量和公平度上的提高，基础设施和师资力量的建设，等等。具体如下：初等教育普及计划（SSA）所要实现的目标主要为以下九个方面：

（1）在 2003 年确保所有儿童都能够进入学校，教育保障中心，另类学校，以及"回归校园"组织当中。

（2）于 2007 年实现所有儿童都能够顺利完成五年制的初等教育的初级阶段。

（3）于 2010 年实现所有儿童都能够顺利完成八年制的初等教育的高级阶段。

（4）关注初等教育的质量问题，并注重终身教育的发展。

（5）于 2007 年达到初等教育初级阶段的所有性别和社会种族的平等，并于 2010 年实现解决初等教育高级阶段的所有性别和社会种族不平等问题。

（6）于 2010 年实现教育普及的巩固。在此初等教育普及计划（SSA）为实现这一目标做出以下两点努力：（1）为推行初等教育计划，提供了一个整合多方面的实施结构。（2）为实现普及初等教育这一目标，该计划为重要领域的加强提供必要的财政支持。

（7）保证初等教育高级学校中，每 40 名学生能够有一位教师负责教学；而在初等教育初级学校中，保证每 40 名学生至少能够有两名教师负责教学。

（8）学校距离学生的居住地要在 1 千米之内。

（9）建造新的教学楼、教室和资源中心，确保每一位教师拥有一间教室。①

---

① 吕美妍. 印度初等教育普及计划（SSA）实施成效研究［D］. 长春：东北师范大学，2017.

（四）政策落实

1. 政策落实结果与计划比较

根据该计划的具体实施目标，分别对学校基础设施建设、师资培训、女童教育、表列群体及其他落后群体教育、有特殊需求儿童教育、总体教育实施情况进行了论述。通过这一部分的探讨发现，印度初等教育普及计划（SSA）在实施过程中取得了一定的积极成效，保障了各类特殊人群以及全体儿童的受教育权利，但是仍然有部分目标仍未达到，比如教育质量的提升，初等教育高级阶段升学率偏低，巩固率仍需加强以及各地区教育水平存在明显差异等问题。

2. 政策落实结果与计划产生偏差的原因分析

印度独立前，英国政府对印度教育发展持冷漠态度，结果使印度民众对初等教育产生了保守观念。独立后，印度政府十分重视发展基础教育，并试图通过各种途径来普及初等教育。

然而政府在所做的工作中发生了严重失误。首先，政府对普及教育活动的积极性还不够，提出的教育政策尚缺乏完善性；其次，政府在把普及教育的任务下放给地方团体时，没能与其进行良好合作；最后，一些政府官员和非政府组织人员对普及初等教育抱有偏见，工作玩忽职守。另外，有些民众非但不与政府合作，反而还做出有碍于教育普及的举动，如他们反对子女去上学、拒绝支付普及教育税等，这些来自地方的阻力使得普及初等教育的工作难以顺利展开。

管理初等教育一直都是邦政府的责任，由于各邦的自然资源和发展程度各不相同，导致各邦初等教育成果差异较大。2001 年，印度人口103873 万人，表列种姓占 16.2%，表列部落占 8.2%，这两类人属于印度的弱势群体，对初等教育的普及起到了严重阻碍的作用。

印度民众对各类政策表现出的不关心，一半源自政府经常推出各类政策或提出各类口号，但是在实践过程中的收效不大，促使民众对政府的执行力深感失望；另一半源自宗教文化对民众所进行的忍耐、顺应以及不重名的引导。这促使印度普通民众接受现实，易于满足。

## 二、高等教育政策

### （一）管理机构

中央对高等教育的权利扩大管理组织：大学拨款委员会、大学委员会、大学行政委员会等，但面临教育规模的扩大与管理体系的僵化相矛盾的问题，通过成立自治学院来提高高等教育管理的灵活度。

由于印度国情的多样性及复杂性，印度高等教育的管理结构也体现出一定程度的复杂性与多样性，主要体现为三大方面：第一，印度高等教育外部管理结构的复杂性，重点体现为中央、邦政府的权责划分问题；第二，印度高等教育实施机构的复杂性，主要体现为印度高等教育实施机构的层次性、多样性和庞杂性；第三，印度高等教育内部管理结构的复杂性，主要体现为不同教育实施机构内部管理机制的多样性。

印度属于联邦制国家，在教育领域强调中央与邦的合作管理。印度高等教育的中央管理机构为人力资源开发部，主要负责部门为高等教育司，该司在政策和规划层面推动高等教育发展，并通过世界一流教育机构等项目扩展高等教育入学机会，提升高等教育质量。高等教育司主要负责整个高等教育的统筹和普通高等教育的发展，专业高等教育则由相关委员会管理，如技术教育由全印技术教育委员会管理，农业、医学和法学教育分别由印度农业研究委员会、印度医学研究委员会和印度律师职业委员会管理。

印度大学拨款委员会也是高等教育的重要管理机构之一，负责高等教育经费拨款事项，有权对全国的高等院校进行审查，在协调高等教育发展、维持高等教育的最低水平、不断改善高校的办学条件、提倡学术创新、提高教师待遇方面发挥了积极作用。

此外，全国教育评估与认证委员会和国家认证委员会在高等教育和技术教育的质量保障方面发挥了重要作用。作为半官方的第三方机构，它们以多元化的人员构成、较为科学的评估认证标准以及规范化的评估认证流程促进了高等院校信息公开、教育教学质量提升，在印度高等教育质量上起着"守门员"的作用。除了中央政府的管理之外，邦政府也是印度重要的管理主体，负责邦一级的高等教育。邦政府有权建立大学，甚至能够影响和控制大学的运作。各邦邦长基本上都担任各邦大学校长或视察员的职务。此外，邦教育部也是邦层面重要的教育管理机构，其中有专门负责高等教育管理的管理机构，可称之为高等教育局。邦层面的高等教育管理主要通过拨款、监督、检查等方式进行，但并不排除以立法的形式规范高等教育。①

印度高等教育模式多样，有学院教育、研究生院教育、专业教育。大学被分为四类：中央直属大学，附属性大学，单一制大学，联合大学。

（二）法律政策保障

1. 法律保障

在2016年《外国教育法案》中，印度政府放宽了先前对外国学术合作的限制，开始允许印度高校与外国合作院校达成"结对伙伴"。根

---

① 王建梁，武炎吉. 印度高等教育结构：现状、评价及反思［J］. 世界高等教育，2020，1（1）：67-78.

据新的指导方案，在外国院校所修课程可以记录在学生的成绩单上，用于满足学位要求。

放松管制加强了印度院校国际伙伴关系的整体利益，包括那些先前在这一领域不活跃的院校。在某些情况下，有限范围内的合作伙伴关系（比如，仅关注短期学生交换）现在正在扩大，包括联合学位课程和其他更深入的合作。例如，尼泊尔理工学院和德国开姆尼茨理工大学提供的双学位硕士课程。

2. 政策计划

印度强化高等教育问责的开端是 1992 年。这一年，印度人力资源开发部（MHRD）颁布了《国家教育政策》（NPE）和《行动计划》（POA），强调在保证公立高校自由和自治权的同时，应对公立高校加强问责，这标志着印度公立高等教育问责体系的强化。自 1992 之后的近 30 年间，印度高等教育问责体系一直处于不断的建构和完善中。

（三）教育改革

1. 改革的主要方向

在增加入学人数和学院数量，提高教职工工资，调高教育经费，建立全国重点高校，获取政府各方面的支持，教育机会均等，课程适应社会，学位和职位分离，建立自治学院、开放大学、人力资源开发部等方面持续发力。

但在发展过程中出现的问题有：质量下降，结构不合理，人才外流，贫富差距扩大。针对这些问题，国内应该为人才提供发展才能的环境，制定财富二次分配的相关政策。

国际化被视为印度高等教育解决供需缺口、改善教学质量低下、促进研究和创新、培养学生在全球劳动市场竞争力的潜在手段。个别院校积极进行国际化，以履行教育使命，保持学术上的相关性，并提高其国内外形象。

2. 改革的具体政策

利用外资发展教育，重视发展农业高等教育，注重高等教育与国家发展相联系。立法确定全国重点院校。引进外资，建立一批世界一流的高等学府，向国外输送相当数量的留学生，培养大批专门人才。

（四）政策落实

印度政府和越来越多的院校逐渐意识到国际化的优越性。目前，教育国际化活动在印度私立院校和印度顶尖大学中开展得更为普遍。政府正在积极采取措施创建获得全球认可的院校，这将为海外合作和吸引留学生提供更多机会。除了国际合作伙伴关系外，一些印度私立高校的全球参与活动还包括建立境外校园。由于监管政策的限制、资金不足和缺乏适当的基础设施，这种机会暂不能扩展到中等层次的院校。


# 第二节　教育经费投入长期偏向高等教育


## 一、初等教育经费

（一）经费结构

初等教育普及计划（SSA）的资金支持主要是由中央政府和各邦政府以共同分担的形式来完成，印度第九个五年计划规定中央政府和各邦政府所承担的投资比例分别为 85∶15，第十个五年计划为 75∶25，之后则变为 50∶50。此外初等教育普及计划（SSA）还接受英国国际发展部、欧洲委员会和世界银行的资助。

（二）经费来源

1. 政府

初等教育普及计划（SSA）启动之初经费完全来源于印度政府，资金投入来自国家初等教育公共经费的附加投入，自 2004 年起，世界银行、英国国际发展部和欧洲委员会加入资助的行列。也是从同一时间起，初等教育普及计划（SSA）开始有效地将中央政府提供的财政支持与邦政府、三个外籍投资机构的资金相结合。例如，通过 2004—2007 年初等教育普及计划（SSA）的财政状况可知，该计划的总体财政投资为 30.5 亿美元，其中印度中央政府的投入占总投入的 45%，邦政府支付 25%的资金，而外籍投资机构负责剩下的 30%。这三家外籍投资机构总投入为 10 亿美元，其中 48%的资金来自世界银行，33%来自英国国际发展部，19%来自欧洲委员会。近年来，随着初等教育普及计划的不断深入，印度政府的财政投入也不断增加，而为了确保初等教育普及计划（SSA）的独立性，外籍投资并没有成为初等教育普及计划（SSA）的主体投资者，真正影响初等教育普及计划（SSA）财政投入的则是印度中央政府和邦政府。

县级初等教育计划中，经费的来源和管理，由中央的人力资源部和邦共同承担，人力资源部建立县级初等教育计划局承担 85%的经费，其余由邦承担，当然还有外部对印度初等教育的援助，如欧盟、世界银行、英国海外发展署等。

初等教育普及计划（SSA）每年都有大量的财政支出用以巩固教育普及的状况。主要的款项用于学校、教师和学校基础设施的维护方面。根据 2008—2009 年印度国家年度教育报告显示：初级小学的拨款为每年 5000 卢比，而高级小学为 7000 卢比。另外每年给予每位小学教师 500 卢比的拨款。在学校基础设施维护方面，初等教育普及计划（SSA）执行机构给予的拨款则更多，对于拥有接近三间教室的学校，每年给予最高 5000 卢比的维护费用；而超过三间教室的学校，初等教育普及计划（SSA）执行机构每年给予 10000 卢比的维护费。除此之外，为保证学校的教师数量，初等教育普及计划（SSA）执行机构还会为每一所新开办的学校，指派包括数学和科学教师在内的教师若干名，并且为已有学校增加教师以保证生师比。

为了达到初等教育普及计划（SSA）中提升教育质量的目标，初等教育普及计划（SSA）执行机构向初级小学和高级学校提供每年 20000 卢比和 50000 卢比的拨款，用以为教师增加教学设备；并且通过区教育资源中心和乡教育资源中心，向教师提供学习帮助；对所有在职教师进行培训，为新教师提供入职培训；开展社区参与和培训项目以及进行补救性教育。同时为初等教育阶段所有学生发放免费的教科书，通过学习提升计划来提高学生在语言、数学和科学方面的成绩；为有特殊需求的儿童提供全纳教育，革新女童教育，关注来自表列种姓、表列部落以及少数族裔的农村儿童，努力提升他们的学习质量。

2. 社会

社会捐助数量增速较快。20 世纪 90 年代末，印度政府就开始在用于教育事业的捐赠实行优惠的税收政策，促使教育捐赠成为初等教育经费的一个来源渠道。随着国家政策的激励及印度富人的增多，印度个人及企业向学校捐助的意愿有所提升。尽管印度初等教育经费中来自私人捐赠的数额仍然有限，但是近年来得到了较大的发展。

通过教育的国际合作，获得较多的国际援助。印度通过与一些国际组织和发达国家签署协定或者进行项目合作，获得经费和设备上的支持。由于印度政府很早就与联合国教科文组织共同建立了合作委员会，学校只要符合标准就可以从援助项目中获得项目支持款。印度还与美国、加拿大等发达国家进行项目合作，从而获得设备、资源及资金上的援助。

3. 经费管理

在资金的管理方面，中央政府一级的管理和监督机构，分别是基础教育局和人力资源开发部。负责教育研究和培训的全国委员会与负责教育规划与行政管理的国家教育研究所也为该计划在资金管理方面提供支持和帮助。在邦政府一级，大部分财政投入是由邦计划负责人管理的，还有一部分是由邦教育部主管。在县一级层面是通过县基础教育协会来完成，同时县基础教育协会还担负政策导向、协调和计划执行过程回顾的任务。

初等教育普及计划（SSA）要在印度的 626 个县推行，在一个计划实施周期，每一个县都要提供一份初等教育普及计划（SSA）年度工作和预算报告，根据初等教育普及计划（SSA）执行框架的规定和当地的需要，提出当前迫切需要解决的事项以及对资源的分配计划。通过这些规定以及财政分配，每年村一级和镇一级的初等教育普及计划（SSA）执行组织会为当地提出一份计划，通过初等教育普及计划（SSA）资助的各种事项满足所有社区的需求，这些事项包括：建造新的学校和更多的教室，为学校安装净水设施和相关卫生设施，招聘更多的教师以及提供更多的教学资源。之后这些计划将被乡一级的初等教育普及计划（SSA）执行团体进行评估和校对，之后呈递给县一级的初等教育普及计划（SSA）执行团体进行年度工作预算方案大纲的编辑。方案执行的灵活性使得该计划能够针对全印度不同的环境和需要做出应答，同时中央的控制和监督确保了资金能够流向最需要的地方，例如最不发达的县、乡和镇。初等教育普及计划（SSA）通过要求各邦制定一个有利于贫困人口的方案和预算，从而促进了一个更为广泛的体系改革，那就是关注社区尤其是那些大部分被剥夺权利的社区人群。使得学校对家长负责，并且给予村教育委员会更大的控制学校的权利。

### 二、高等教育经费

（一）经费结构

独立后印度高等教育经费来源主要分为政府投资和非政府投资。政府投资来自中央政府、邦政府、地方机构。非政府机构来自学生的学费、高校自筹经费、私人捐赠和国际援助等。

（二）经费来源

1. 政府

高等教育经费，主要由邦政府承担约80%，后期中央和邦都加大了投入，对政府资助依赖程度高。大学经费由两个方面决定：教学量和科研量，面向高收入群体增加学费，从工业或商业等方面筹集，大学拨款委员会针对性拨款等筹款方式。

中央政府高等教育经费的投入来源于其税收收入，而邦政府的高等教育经费投入则依赖于中央政府的税收转移。宪法赋予中央政府征收税收的权利，如所得税、关税、货物税，等等。宪法规定，中央政府赋税收入一共分为五类：（1）中央政府征收且收入为中央政府所有，不与邦政府分享的税收，如关税、公司税等。（2）中央政府征收且收入必须为中央府和邦政府共同分成的税收，如所得税等。（3）中央政府征收并税收可能与邦政府分成的税收，如烟草和其他商品的消费税等。（4）中央政府征收且收入全部转让给各邦的税收，如遗产税等。

（5）本应由中央政府征收却由各邦执行且收入归各邦所有的税收，如医药和化妆品税等。除了以上，中央政府通过财政委员会还向各邦政府转移中央的赠款援助和必要贷款。中央政府所有转移支付额占中央财政收入的70%左右。因此，各邦政府除了有权征收消费税和接收来自中央政府转移税收、赠款、贷款等，没有其他弹性收入，中央政府拥有雄厚的财政力量，各邦政府财政来源单一，只能依赖于中央政府的税收转移维持各邦教育的正常发展。

印度教育是中央、邦、地方三级管理体制。1976年宪法修正案规定，中央政府和邦政府协同管理高等教育。地方机构的经费虽然也是高等教育经费的其中一个来源，但是其占的比例微乎其微。因此，高等教育经费基本上由中央政府和邦政府共同负责。总体上，根据拨款模式，政府对高等教育的财政拨款投入基本上是通过直接拨款和间接拨款两种方式进行的。直接拨款就是政府将高等教育经费直接拨给高等院校或者相关高等教育机构；间接拨款则是将高等教育经费通过学生资助的方式拨给受教育者，再由受教育者以学费或者学杂费的形式支付给学校。一般情况下，是以直接拨款为主。

政府直接拨款。政府对高等教育的财政直接拨款投入主要分两个部分，即计划性投入和非计划性投入。非计划性投入主要用于日常项目，维持大学的正常运行。计划性投入则主要用于发展性项目，用于发展大学及学院基础设施等。由于非计划性投入性质以及教育部所具有的劳动密集型特征，非计划性投入在印度高等教育经费中所占的比例比计划性投入较高。中央政府把计划性和非计划性投入经费发放到各中央大学，把计划性投入经费发放给各邦立大学及其私立学院。中央政府的计划性和非计划性投入经费从1970—1971年开始呈现直线上升的趋势，但是计划性投入在总投入当中的比例则不断地缩减，如表2-1，由1970—

1971 年的 67.94% 下降到 2005—2006 年的 36.18%。相反，非计划性经费投入的比例则从 1970—1971 年的 32.06% 上升到 2005—2006 年的 63.82%，一直保持在 60% 左右，中央政府的非计划投入经费是其计划性投入的 2 倍左右。而邦政府的非计划性投入经费则远远高于其计划性投入，其中非计划性投入经费在 1970—1971 年就已经高达 85.93%，2005—2006 年更是达到 91.43%，一直保持在 80% 以上，是计划性投入经费的 8 倍有余。可以看出，中央政府与邦政府在经费拨款中各有侧重，中央政府日趋看重的是高等教育的规模和数量的扩大，而邦政府则重视维持学校日常运作尤其是支付教职工工资。

表 2-1　中央与邦政府用于高等教育经费的计划与非计划性投入（百分比）①

（单位：千万卢比）

| 年份 | 中央 | | | 邦 | | |
|---|---|---|---|---|---|---|
| | 计划 | 非计划 | 总计 | 计划 | 非计划 | 总计 |
| 1970—1971 | 22.04 (67.94%) | 10.40 (32.06%) | 32.44 (100%) | 10.85 (14.07%) | 66.27 (85.93%) | 77.12 (100%) |
| 1975—1976 | 32.10 (50.17%) | 31.88 (49.83%) | 63.98 (100%) | 15.95 (8.92%) | 162.94 (91.08%) | 178.89 (100%) |
| 1980—1981 | 32.45 (32.85%) | 66.32 (67.15%) | 98.77 (100%) | 42.13 (10.97%) | 341.77 (89.03%) | 383.90 (100%) |
| 1985—1986 | 81.72 (39.92%) | 123.00 (60.08%) | 204.72 (100%) | 70.42 (7.81%) | 831.45 (92.19%) | 901.87 (100%) |
| 1990—1991 | 128.6 (27.05%) | 346.9 (72.95%) | 475.5 (100%) | 116.4 (6.34%) | 1720 (93.66%) | 1836.4 (100%) |
| 1995—1996 | 246.3 (34.54%) | 466.8 (65.46%) | 713.1 (100%) | 266.3 (8.43%) | 2891.8 (91.57%) | 3158.1 (100%) |

① Teenna Sawhn, All About-Indian Higher Education System［M］. VDM Verlag Dr. Müller, 2011. 37.

| 年份 | 中央 | | | 邦 | | |
|---|---|---|---|---|---|---|
| | 计划 | 非计划 | 总计 | 计划 | 非计划 | 总计 |
| 2000—2001 | 497.5 (21.77%) | 1787.7 (78.23%) | 2285.2 (100%) | 347.9 (5.35%) | 6561.4 (94.96%) | 6909.4 (100%) |
| 2003—2004 | 560.4 (31.81%) | 1201.1 (68.19%) | 1761.5 (100%) | 410.3 (5.62%) | 6888.9 (94.38%) | 7298.5 (100%) |
| 2004—2005 | 810.6 (38.62%) | 1288.3 (61.38%) | 2099.0 (100%) | 494.4 (6.68%) | 6909.7 (93.32%) | 7404.2 (100%) |
| 2005—2006 | 843.5 (36.18%) | 1487.8 (63.82%) | 2331.3 (100%) | 744.3 (8.57%) | 7937.5 (91.43%) | 8681.9 (100%) |

专门的高等教育拨款机构。印度大学拨款委员会 UGC（以下简称 UGC）是中央政府在 1954 年建立的旨在负责提供经费和协调、决定、维护高等教育标准的法定中介机构。UGC 从建立之初隶属于中央，中央政府的直接拨款主要通过 UGC 进行，其主要流程是：中央政府通过人力资源开发部下设的教育司，而教育司又通过 UGC 行使宪法赋予的管理高等教育的权力。中央政府根据年度财政预算把预算中的教育经费拨给人力资源开发部和邦财政。人力资源部经过充分的讨论与决策，再将一部分经费直接拨给开放大学，剩下的全部拨给 UGC。UGC 根据宪法所赋予的权力和院校评估结果，重点向 18 所中央大学、准大学、新德里大学和贝拿勒斯大学附属学院、邦立大学与学院倾斜，大量拨款，全力支持。地方大学和各类学院则由大学拨款委员会和各邦财政联合拨款。其他大学则由地方财政和社会团体资助。

UGC 作为充当政府与高校之间的中间机构，其拨款有重要的特点：

（1）拨款金额、对象有所侧重。就 2005—2006 年度而言，大学拨款委员会从中央政府收到的年度预算和补助金为 217.91 亿卢比，其中计划性经费有 78.63 亿卢比，非计划性经费有 138.96 亿卢比。当中发放到印度的 25 个邦的附属学院只有 21.4 亿卢比，发放到 10 所邦立大学的经费则为 4000 万卢比。大学拨款委员会一年收到的非计划性经费中，有 63.32% 发放到了中央大学，22.68% 发放到了德里大学和印度贝拿勒斯大学附属学院，5.98% 发放给了准大学，0.65% 发放给了邦立大学。计划性经费中，有 27.54% 流向中央大学，3.63% 流向准大学，26.45% 流向邦立大学附属学院。可以看出，印度大学拨款委员会重点向中央大学、德里大学和印度贝拿勒斯大学附属学院、邦立大学附属学院拨款倾斜。

（2）只有通过 UGC 拨款认证的大学才有资格获得拨款。20 所中央大学有 18 所接受来自大学拨款委员会的经费支付，其余的两所，英迪拉·甘地国立开放大学和中央农业大学则直接由中央人力资源开发部和中央农业农村部分别赞助拨款。而对于 217 所邦立大学，除了农业和医科大学以外只有 119 所有资格接受大学拨款委员会计划经费的赞助。对于 18064 所学院，得到大学拨款委员会认证的只有 6109 所，其中还只有 5525 所学院有资格获得拨款。UGC 的拨款对对应高等院校的发展具有重大的影响作用。

UGC 的拨款用途与数额、比例的分配有其自主性。计划外拨款主要用于日常项目，提供给相应的大学和学院用于支付工资、维持实验室、教学楼的日常运作和支付一系列相关项目比如电话、公共事业、文具、消费品等。计划内拨款则主要用于发展性项目，比如给大学和学院发展基础设施，提供其教学和技术人力资源，获取书籍、杂志、设备等，建立新教学楼和给学生、员工提供便民设施。关于具体的拨款数额和比例，大学拨款委员会有自己的拨款公式，采取的是比例浮动式的拨款方式：该校上一年获得的大学拨款委员会的份额占其全部拨款数的比重乘以今年拨款总数的 2/3，剩下的 1/3 根据该大学的绩效而定，科研、教学成绩突出的学校则会得到更多的经费，反之，份额则少。印度高等院校想要获得更多的拨款经费，就必须在科研和教学水平上入手，努力提高大学的教学和科研水平，这也有利于高等教育院校提高竞争水平，对高等教育的质量起到了积极促进作用。UGC 的拨款每 5 年一次，采取的是 5 年周期拨款机制，其稳定性也有利于各大学和学院制订稳定的中长期发展计划，其经费的有限性也促使 UGC 推动大学、学院采取措施提高自身的水平。

UGC 作为政府与高校之间的缓冲机构，充当了政府的"代言人"，明确和规范高等院校的职责。同时又给予高等院校一定的自主权，在提高印度高等教育质量上起到了不可或缺的重要作用。从目前看，UGC 的运行机制和管理模式都是比较成功的，对中国高等教育的发展起到了一定的借鉴作用。

政府间接拨款。政府间接拨款主要以学生资助的方式进行。而学生资助主要有学生贷款、奖助学金两种形式。

学生贷款。独立以来印度实施过两次学生贷款计划，分别是 1963 年的免息国家贷学金计划和 2001 年新的教育贷款计划。

1963 年的免息国家贷学金计划是政府为了降低高等教育门槛的同时不增加政府的财政负担，实施的一项以期在 5~10 年内可以形成循环利用和独立运作的基金的免息国家贷学金计划。该计划主要提供给优秀且有经济需求的学生。只有满足 50%或以上成绩合格、其父母年收入不超过 2.5 万卢比（约 1315 美元）且未获得任何其他奖学金等条件的学生才有资格申请。该项目贷款资金主要由中央政府拨款提供，但由邦政府负责实施，通过高等学校发放给不同层次、不同学科的学生。根据学校、学科、教育层次的不同，发放给学生的贷款金额也会有所不同。一般是每年从 720 卢比（提供给大学预科和本科学生）到 1750 卢比（提供给医学、工程、技术等专业课程的博士、研究生等）不等。在贷款的偿还上，学生要求按月根据月收入偿还，一般是相当于月收入的1/10到1/6。但是每月有最低偿还标准，不得少于25卢比，即使是没有收入的贷款者，像家庭主妇，也必须每月偿还最低25卢比的金额。一般情况下，学生工作后一年或从学校毕业3年后就必须按照计划每月偿还贷款。计划发放的金额8~10年即可收回，最晚10年即可全部收回。对于毕业后从事教师行业或者参军的学生则可以享受每服务一年则减免1/10的优惠政策。

从1963年开始实施到1991年废止，就实施的28年来的实践来看，印度免息国家贷学金计划实施的效果难以令人满意。主要表现在：

（1）贷款的名额不断地缩减。在第一年，尽管确定有18000个名额，但实际上才发放了9000个名额。随着高等教育规模的扩大，在校人数日益增多，从1963—1964年的130万人上升到90年代后期的接近1000万人，但贷款提供的名额则一直保持在20000个左右，实则名额缩减了。

（2）贷款款额没有增加。印度的消费价格指数已经从1960年的100增加至1988年的803，增加了8倍有余，但是可申请享受的贷款额仍然按照最初1963—1964年制定的年最高额，投资力度有限。

（3）贷款回收率低。1977—1978年发放出去的贷款额有4200万卢比，但是同年收回的贷款只有440万卢比，回收率只有10%。近30年，就1990—1991年贷款回收率最高，但也只有15.4%。贷款回收率低一定程度上是由学生贷款管理体制不完善造成的。贷款的发放是由高等院校实施的，但高等院校并不负责贷款的偿还。偿还工作是由中央政府委托各邦政府进行，而邦政府不是学生贷款的所有者，因此借出去的贷款能否收回来或者收回来多少跟邦政府没有直接的利害关系，这就造成了还款率低下。

除此之外，印度金融银行信贷机制不完善，贷款读书从心理层面讲不受欢迎，毕业生收入较低，就业率难等一系列问题都导致印度免息国家贷学金计划得不到有效运行。

2001年新的教育贷款计划，则是因为1963年的国家贷学金计划实际运行效果不理想，90年代以后经费下降，为了弥补学费的增长而实施的一项新的教育贷款计划。与1963年的贷学金计划相比，新的教育贷款计划出现了新的特点：

（1）贷款的对象扩大。要求必须是印度公民，不仅包括通过本国入学考试进入专业（或技术性）课程的学生，还包括获得国外入学考试资格的在外留学生。

（2）涉及课程范围更广。对于在印度本国求学的学生而言，贷款主要提供给在工程、医学、农业、法律、兽医、管理、计算机专业等领域学习的学生的本科和研究生。计算机课程必须由电子或附属于大学的学院机构认证的有声望的大学提供。除此之外，还包括国外名牌大学在印度提供的课程、经标准机构认证的夜校课程、其他由印度大学拨款委员会、全印技术委员会等政府部门批准的院校提供的课程、由国家机构和其他有声望的私立院校提供的课程。而对于在国外留学的学生，主要提供给从事专业、技术等课程学习的本科生，或者从事工商管理学硕士、理学硕士、产业管理等领域学习的研究生，课程范围还包括英国伦敦特许管理会计师协会和美国注册会计师提供的课程。

（3）贷款的金额有上升的趋势。本科生贷款的最大金额限度从2001—2002年的75万卢比上升到2004—2005年的100万卢比，研究生贷款的最大金额限度也从2001—2002年的150万卢比上升到2004—2005年的200万卢比。贷款总额不超过40万卢比的学生不需要贷款担保，而超过40万的本国学生则需要支付相当于贷款金额5%的贷款保证金，而在外留学生则需支付15%的保证金。现在越来越多有需要的学生都能得到高等教育的贷款补助。

（4）贷款的利率明确，依贷款金额而定。贷款金额未超过40万卢比，贷款利率则按照银行贷款利率来算，贷款金额超过40万卢比的，则加收1%的贷款利率。偿还期一般为5~7年，若贷款发放后开始偿还利息，在校期间则可以享受1%~2%的利息补贴。

从新的贷款计划来看，可以看出贷款计划从贷款对象、金额、利率、回收都有详细的一套方案和体制说明，贷款的本金、发放、管理、回收均由商业银行负责管理，由商业银行与学生及其家长沟通协商。2005年6月，印度学生总贷款人数达到10万人，总贷款金额达到710亿美元。而与此同时，违约率则低至1.1%，从这方面看，成本回收率有很大提高。但是也应该看到，新的教育贷款计划获贷率只有2%~3%，相比于英国的80%、美国的50%、加拿大的77%仍然低得可怜，而且印度贷款计划只有19%的贷款者为女学生。虽然新的教育贷款计划还是面临着诸多难题尚未解决，但与1963年的国家贷学金计划相比，也实现了贷款的有效回收，取得了一定的进步。就目前印度金融体系尚未完善，其学生贷款计划必定有一个逐步完善的过程，其贷款政策也将不断探索，值得期待。

印度政府高等教育学生奖助金资助政策代表性的主要有拉吉夫·甘地研究生奖学金和大学生奖学金两项计划。

拉吉夫·甘地研究生奖学金是2005年由印度大学拨款委员会负责实施，专门资助工程技术、人文社会科学硕士及博士学位的弱势学生的一项奖学金项目。奖学金期限为2至5年，该项目每年给表列种姓学生发放2000个名额，给表列部落学生发放667个名额，从通过研究生入学考试的学生中择优录取。奖学金发放的金额具体有：人文社科、工程技术硕士研究生每月生活费 16000 卢比，博士生每月生活费 18000 卢比；人文社科硕士生零花钱每年 10000 卢比、博士生 20500 卢比，工程技术硕士生每年 12000 卢比、博士生 25000 卢比；人文社科、工程技术学科学生的住宿补助每年 3000 卢比，残疾学生护送费、盲文读本每月 2000 卢比。该奖学金的设置帮助弱势学生继续教育，为社会特殊群体培养人才，提高其社会地位。

大学生奖学金计划是 2007 年印度政府专门为大学和学院低收入家庭的优秀学生提供经费的一项奖学金项目。该项目主要是帮助大学生继续学习，解决大学生日常花费等。大学生奖学金计划大约覆盖 82000 个学生，其中包括 41000 个男生，41000 个女生。申请人必须通过由 CBSE 认证的高级中学认证考试，且申请人的父母年收入总额不得超过 4.5 万卢比。奖学金在各学科的分配有其一定的比例，科学、商业、人文学科的比例大概在 3∶2∶1，在规定的限额内，择优录取。奖学金具体发放的配额有：大学或者学院的本科生每月可以拿到 1000 卢比的奖学金，硕士、博士则每月可以拿到大约 2000 卢比的补助。奖学金每一学年发放 10 个月左右。这笔奖学金可以帮助本科、研究生、博士生等解决日常花费，为学生的继续教育提供经济支持。

2. 私人捐赠和国际援助

私人捐赠、国际援助，也是高等教育经费来源的一部分。主要来源于富有者和有教育热心的民众，但更多的是来自财团、商行、宗教或慈善团体，也有的来自国际组织，如国际复兴开发银行、国际金融公司、国际开发协会、联合国下属机构——教科文组织、儿童基金会，还有来自地区组织，如美国的洛克菲勒基金会、福特基金会等。

国内捐赠。独立之后，国内慈善捐赠在高等教育经费来源中占据比例较小。独立之前，国内慈善捐赠在高等教育经费来源中占据重要的比例，但印度独立后，政府对印度的大部分高等教育院校实行"国有化"，对高等教育进行严格管控，其中就包括社会对高等教育经费的捐赠。与此同时，政府对社会捐赠者在税收上也没有相应的优惠政策。因此，社会捐赠的比例就大幅度下降。在 1950—1951 年，社会捐赠占高等教育经费来源的比例有 12%左右，到 90 年代初则只有 3%左右。直到90 年代后期，政府的态度才有所转变。印度全国教育规划与管理研究所（NIEPA）在 2000 年举行的咨询类会议上建议："应当鼓励私营部分参与到高等教育来。"政府则通过退税政策鼓励私营企业参与到高等教育中，如果资助专业高等教育则可以退税高达 125%，如果是参与到除专业高等教育以外的普通高等教育则可以退税 100%，如果是在高等教育研究和发展领域投资则退税高达 150%。在此条件下，高等教育院校从社会捐赠获得的经费数额有上升的趋势，但总体上占据高等教育经费来源的比例仍然比较小。

国内社会捐赠的主体就目前收集到的资料来看，以各大院校的校友慈善捐助居多。校友捐赠最为著名的则以印度理工学院为例。2007 年，光是孟买分校收到的校友捐赠就达 0.55 亿卢比。与此同时，印度理工大学也通过密切关注毕业生毕业后的状况、举办校友聚会、设立校友办事处等积极加强与校友之间的联系，专门设立奖项感谢和激励校友对母校的付出与贡献。

除了校友捐助以外，企业私营部门也参与到高等教育上来。1999年 7 月 14 日，印孚瑟斯技术有限公司宣布赞助 1 亿卢比给在班加罗尔的印度信息技术学院，这笔经费将用于该院校建立印孚瑟斯图书馆，建立的图书馆专门用于学院进行信息技术方面的研究，研究的成果也将在网上共享开放。印度的韦普罗公司计划 2017 年在卡纳塔克邦推行旨在鼓励贫困女学生继续追求高等教育的奖学金计划。该公司将给予来自贫困和弱势背景同时希望追求自己的文凭和学位的女生每年 36000 卢比的奖学金，如果大学坐落于大城市则另外追加 24000 卢比，60% 的奖学金分配给主修高等教育领域的人文、艺术、科学的学生，剩下的40%则分配予主修专业课程的学生，等等。

就目前来看，为了高校筹款的顺利进行，印度政府还采取一系列措施鼓励社会捐赠。2003 年印度人力资源开发部建立印度教育基金会，以此规范社会捐赠，并由教育基金会统一管理和分配所有的赠款。但是由于该基金会接收的来自印度海内外的捐赠金额较大，且基金会对于经费的用途以及使用目的都没有多加说明与解释，直接导致印度公众对该基金会的严重不满。自从印度教育基金会建立以后，社会捐赠大幅度下降。印度政府随即在 2004 年取消了这项决定，允许校友直接把款项捐赠给各大母校。政府取消了这项规定，使印度高校接受赠款变得有所起色。与此同时，印度还通过对捐赠资金进行保值、增值，且利用政府对鼓励教育捐赠的税收优惠政策减免捐赠者的纳税金额等措施巩固捐赠者与学校之间的关系。另外，印度政府还制定了一些鼓励性政策，鼓励高校面向全社会积极开展筹资活动。例如印度政府提出的"一对一"募款等配套政策。

尽管如此，基于目前校友对所捐赠款项的用途、去处的管理受限、配套的慈善管理机制不完善等问题都大大地遏制了印度高等教育的社会捐赠来源。印度高等教育社会捐赠还有很大的进步空间。

国际教育援助。由于印度人口的庞大和居民生活水平的相对贫困，印度一直处于援助接受国的行列之中。一般根据援助的来源机构，可以把国际教育援助划分为三大类：多边教育援助、双边教育援助、非政府组织或私人机构教育援助。在印度，援助印度教育的多边组织包括联合国科技文组织；联合国发展基金；世界银行组织，包括国际开发协会、联合国儿童基金会，世界粮食计划署；其他机构例如亚洲开发银行；信托基金等。在双边援助教育领域上，主要的提供方包括经合组织发展委员会的主要成员国，比如英国、德国、日本等国家。这一类援助主要依赖于双边国家的关系。2000—2007 年，英国对印度政府的援助占印度所接受总赠款的 50%，17% 来自欧洲经济共同体，5% 分别来自德国和荷兰。除了国际组织、发达国家政府双边、多边援助提供者以外，非政府组织或私人机构也对印度教育开展援助。非政府组织或私人机构主要包括各种慈善基金会、志愿者组织、商业机构、大学及其他一些私人机构等。与多边援助通过多边国际组织或者双边援助通过国与国之间的援助计划等进行教育援助的形式不同，非政府组织或私人机构通常都是通过不流经两国政府或者多边国际组织的非官方多种形式的援助，例如福特基金会、盖茨基金会，等等。国际上对印度教育援助的形式为赠款援助和贷款援助。世界银行的大部分经费援助属于贷款援助，而联合国儿童基金会、联合国开发计划署和许多双边援助均属于赠款援助。因此，可以看到，印度教育国际援助也是个大而复杂的体系。①

### 三、高等教育经费与初等教育经费的比较

高等教育经费总量投入特点。高等教育的公共经费投资基本由中央政府和邦政府共同负责，但主要以邦政府为主导。非政府经费投入有上升的趋势。

虽然对于初等教育的经费在逐年递增。人民贫穷、社会阶层难以逾越、资源匮乏、对传统女童教育的不重视、农村家庭对教育的忽视，以

---

① 郑伊从. 独立后印度高等教育经费投入问题研究（1947—2006）［D］. 南宁：广西师范大学，2017.

及印度对精英教育的明显倾向等，共同导致免费义务教育政策迟迟难以惠及百姓。在教育经费拨款方面，初等教育经费在总体教育经费中的占比远不及高等教育经费的占比。

## 第三节　高等教育规模的迅速扩张与难以普及的初等教育

### 一、初等教育规模

#### （一）初等学校数量

学校数量的多少对普及初等教育十分重要。如果政府能在每一个学生住处的附近设置学校，使其就近入学，那么初等教育就易于普及。然而印度约有 60 万个村庄，65% 的村庄人口约 500 人，如果政府为每一个村庄开办一所学校，尚存在一定困难。因此，政府决定在设立学校前，要考虑学生就近入学的情况。

学校的设立还要考虑当地的风俗和传统以及那些讲特殊语言者和特殊宗教信仰者的情况，否则，会影响民族和宗教感情。此外，政府还要考虑设立女子专门学校的问题以及优先在工业区、部族区和落后地区开设学校的问题。

#### （二）初等学校招生人数

印度自独立以来，入学率平稳增长，但依然达不到 100%。在许多地方，出勤率远低于入学率，而且"超龄"入学在全国许多地方依然常见。各地区和各群体之间的入学率有重大差异，而且入学率的估算会浮动变化。

　　一项 2005 年联合国教科文组织的统计机构调查显示，7 万名适龄儿童中有 83% 的儿童出勤。但大部分 6 岁儿童辍学，6 岁是印度入学的法定年龄。如表 2-2。2006 年到 2020 年小学生入学率一直处于起起伏伏的状态，最高在 2008 年达到了 111%，最低在 2019 年处于 97%，如图 2-2。在印度人力资源发展部在 2021—2022 年度教育报告中显示，1 到 5 年级学生毛入学率为 103.4%，6 到 8 年级学生毛入学率为 94.7%，说明辍学情况仍然存在。

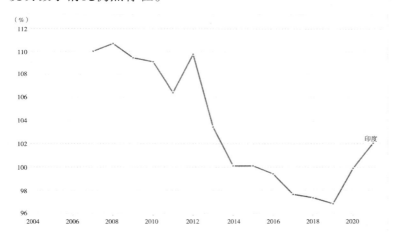

**图 2-2　印度 2006 年—2020 年初等教育入学率**

　　数据来源：世界银行数据库 . 印度 2006 年—2020 年初等教育入学率 ［DB/OL］. https：//data. worldbank. org. cn/indicator/SE. PRM. ENRR？end＝2021&locations＝IN&start＝2004&view＝chart.

　　在印度历史上，女性的入学率和识字率普遍低于男性。但与过去相比，进步已然显现。独立时，25% 的男性受过教育，而仅有 8% 的女性受过教育。但在 2001 年，受过教育的男性和女性所占比例分别为 64%

和46%。识字率不仅受入学率影响，也受出勤率、缺课率和教学效果所影响。整体人口数据反映了学校教育对各代人累加性的影响。因此 7~10 岁年龄组女生 95% 的入学率是一个性别所致差距缩小的积极信号，表 2-2 所列的整体辍学率也证明了这一点。但也存在一些问题：其一，在比哈尔邦等一些大邦中情况不好；其二，有些邦高中阶段女生辍学率依然很高；其三，表列部落和表列种姓的女生入学率依然较低尽管总体看来入学率在上升，但也存在这样两种情况：第一，入学率仅是名义上的，不到校的学生也被列入，以达到政府对入学率设定的目标，或是为了支持与返校率或当地社区入学率相关的计划。第二，学龄外儿童的入学，即 6 岁以下和 14 岁以上儿童仍在 6~14 岁儿童的教育框架内。在印度 2021—2022 年度教育报告中可以看到这一情况的有了较大的变化，低年级（1-5 年级）的辍学率已经下降至 1.5%，高年级（9-10 年级）的辍学率为 12.6%，男生与女生的辍学率差别不大，如表 2-3 所示。

表 2-2 印度 2005 年初等教育辍学率（%）

| 小学 | | | |
|---|---|---|---|
| | 男生 | 女生 | 全体 |
| 全体 | 31.8 | 25.4 | 28.5 |
| 表列种姓 | 32.7 | 36.1 | 34.2 |
| 表列部落 | 42.6 | 42.0 | 42.3 |
| 初中 | | | |
| | 男生 | 女生 | 全体 |
| 全体 | 50.5 | 51.3 | 50.5 |
| 表列种姓 | 55.2 | 60.0 | 57.3 |

| 小学 | | | |
|---|---|---|---|
| 表列部落 | 65.0 | 67.1 | 65.9 |

资料来源：R. GovindaandM. Bandyopadhyay, Access to Elementary Education in India. Country Analytical review.

表 2-3　印度 2021-2022 年初等教育辍学率（%）

| 初小（1-5） | | | 高小（6-8） | | | 初中（9-10） | | |
|---|---|---|---|---|---|---|---|---|
| 男生 | 女生 | 合计 | 男生 | 女生 | 合计 | 男生 | 女生 | 合计 |
| 1. 6 | 1. 4 | 1. 5 | 2. 7 | 3. 3 | 3 | 13 | 12. 3 | 12. 6 |

数据来源：Ministry of Education Department of School Education and Literacy, Report on Unified District Information System for Education Plus （UDISE+） 2021-22Government of India ［R/OL］. http：//mhrd. gov. in/.

对未入学儿童及其家庭的调查显示，失学的主要原因是儿童或其家长"对教育不感兴趣"（女生高于男生），以及"经济原因"。后者主要是男生被要求去赚钱，而女生则承担家务。20 世纪 80 年代的调查显示，学校条件差是导致儿童失学的一个重要因素，而现在这已经不是一个重要原因了。

在完成初等教育之前辍学依然是一个很大的问题，女生的辍学率现在似乎比男生低，这对传统格局而言是一种改变，但各邦和各社会群体之间的差异也是很大的。问卷和访谈调查显示，"对学习不感兴趣"和"被要求去工作"是辍学的主要原因（各占 25%），而学校教育收费则是次要因素（占 10%）。一些定性研究也表明，"缺乏学习兴趣"与学生在学校的感受有关，无聊、失败和脱离学生生活的课程都是其中的原因。

（三）教育工作者的人数

初等教育缺少教师的问题长期存在。2010年受教育权法案将使更多儿童进入教育体系，缺少教师的情况更为严峻。大量现任教师缺少教师培训，且教育背景差异很大，有些教师并未接受过12年的教育。注册为初等教育教师要求接受一年（无学位）培训，但许多人在并没有接受过培训的条件下也被聘为教师。在曼尼普尔邦，只有20%的小学教师接受过培训，而在像中央邦和西孟加拉邦等较大的邦，仅有60%的小学教师接受过培训。印度初等教育中有大量未经培训的教师，因此在职培训的需求相当大。2004—2008年，提供教师培训的机构从3200家上升到12200家，但是其课程质量令人担忧。

印度初等教育研究中反复出现的两个主题，是教师的缺席和教师的投入程度（又称教师活动或教师参与）。其中后者指教师在教室中以某种方式进行教学活动投入的时间。2004年，一份覆盖了20个邦的调查发现，平均25%的教师在上课日缺席，其中马哈拉施特拉邦是15%，而恰尔肯德邦是42%。还有研究发现，卡纳塔克邦、中央邦和北方邦教师出勤的比例分别为88%、67%和65%。全印度的初等学校中所有聘任教师近400万，然而仅有10万所学校的教师超过4人。尽管国家政策不允许只有一名教师的学校存在，但事实上有很多学校存在这种情况。加之很高的缺席率，可以想见，在一些日子里不少学校没有任何教师。调查证实，[①] 1.3%的学校（8000多所）在调查当天并没有老师。在对缺席问题的解释中，相当高比例的原因是教师并没有住在学校所在的村庄，上班距离远减弱了出勤的积极性，这也成为招募并不具备教师资格

---

① 印度的初等教育［EB/OL］. https：//www. docin. com/p-1508034025. html. 2016-03-28

的本地村民作为教师的理由。喜马偕尔邦在教育方面成就喜人，该邦为
教师在学校所在地提供了住房，也鼓励教师在偏远的地方工作。而有研
究认为，教师的态度和获得病假条的容易程度是缺席的主要原因，而非
上班距离。许多调查研究报道了教师的教学情况。总的来说，印度学校
的教学倾向于教师的指导，强调通过死记硬背来记忆。这种教学法的优
势姑且不论，但它意味着教师的投入程度对学生的学习效果影响很大。

　　长期以来，全国范围内入学并完成学校教育的学生中男女生比例悬
殊，人们期待女教师的存在可以改变这种状况。教师的招募以各邦为基
础，在那些父权制观念较强的邦，女性教师的数量较少。在比哈尔邦、
奥里萨邦、北方邦和中央邦，女性教师的比例只有不到 1/3，而这些邦
女生的入学率也较低；在女生入学率较高的喀拉拉邦和泰米尔纳德邦，
有 2/3 的教师是女性。

　　有些邦聘用"准教师"，一般用以替代学校里接受过训练的教师，
也用来作为工作人员的替换。"准教师"这一术语通常指这些教师是
"准专业"的，仅负责帮助专业教师，而且并不需要同等的水平。20 世
纪 80 年代以来，随着拉贾斯坦邦和喜马偕尔邦的志愿者教师计划的展
开，学校逐渐开始聘用未经训练而工资较低的教师。2006—2007 年，
将近 10% 的小学教师是准教师，6% 的学校（大多是偏远地区的小学
校）完全由准教师来教学。准教师的使用引起了争议，教师协会持抨
击态度，认为这是对聘任条件的侵蚀。协会和一些教育家认为这种做法
降低了教育质量，减弱了教育的专业性。但出于经济原因，使用准教师
的做法得到了政府和一些教育家的支持。支持准教师的观点着眼于班级
规模的缩小和教师数量的增加，且关注对准教师教学表现的研究。对印
度准教师使用情况的最新、最深入的研究显示，现在的准教师比正规教
师接受过更好的教育，尽管他们中的大部分人并没有接受过培训。他们

的工资在正规教师工资的 14%（西孟加拉邦）和 70%（查谟—克什米尔邦）之间浮动。大部分准教师获得了正规教师 25%～40% 的工资。准教师将接受与正规教师同等的专业培训，即完成职前培训并获得证书。然而，为准教师提供的培训质量差异很大，且普遍认为培训内容与课堂教学无关。对准教师教学表现的有限研究表明，他们有着更低的缺席率（比哈尔邦除外）和至少与正规教师同等的教学积极程度。

## 二、高等教育规模

### （一）高等学校数量

1947 年独立后，印度高等教育取得举世瞩目的发展成就：高等教育机构数量从 1947 年的 643 所增加到 2015/2016 学年的 51793 所，在校大学生也从不到 24 万人增加到 3458 万人。经过 60 多年的发展，2010 年印度高等教育毛入学率突破 15%，进入了高等教育大众化阶段，2015/2016 学年这一数据上升至 24.5%，力争在 2030 年实现高等教育毛入学率达到 30% 的目标。印度高等教育成就的取得，一方面离不开印度各级政府的大力支持，另一方面也与高等教育结构调整密切相关，这在一定程度上保证了高等教育的迅速发展。[①] 而仅仅 2005—2006 年一年里就有 439 所新的学院如雨后春笋般建立。单单以机构数量来看，印度已拥有世界上最大的高等教育体系，是美国和整个欧洲机构数合计的四倍多。而世界最高入学率的中国（2300 万），其高等教育机构的数量也仅为 2500 所。然而，印度平均每个高等教育机构的招生数量只有 500～600 个名额，相比较于美、欧洲的 3000～4000 名额、中国的 8000～9000

---

① 王建梁，赵鹤. 印度高等教育治理：权力演变、体系建构和逻辑审视［J］. 大学教育科学. 2018（4）

名额，这使得印度的高等教育作为一个高度分散复杂的系统，比世界上任何其他高等教育机构都更加难以管理，其经费投入更加复杂。

（二）高等学校的分布范围

印度非常规地发展建立了世界上最庞大的高等教育体系之一，目前有 300 多所综合大学，5000 多所专科学院，涵盖各个学科，学校也分布在全国各地。

高等教育的形式结构主要包括普通教育、职业技术教育、业余教育、广播电视教育以及成人教育等的结构，既涉及高等教育阶段各类教育，也涉及高等教育的实施手段。事实上，无论是普通教育、职业技术教育，还是业余教育、广播电视教育和成人教育，其本质都在于教育形式的差别：前两者基本上是全日制、常规的教学形式，二者的差异主要体现在教学内容方面，而后三者基本上是非全日制、远程的，是一种培训形式的教育形式。鉴于上述本质差异，此处重点讨论印度高等教育形式上的结构，尤其是常规教育与远程教育之间的比例问题。在印度，二者的分布如表 2-4 所示。

表 2-4　2015/2016 学年常规与远程教育注册人数及比例一览

单位：人，%

| 模式 | 男生 | 女生 | 总计 | 比例 |
|------|------|------|------|------|
| 常规 | 16539469 | 14220411 | 30759880 | 89 |
| 远程 | 2055254 | 1769647 | 3824901 | 11 |
| 总计 | 18594723 | 15990058 | 34584781 | 100 |

资料来源：Educational Statistics at A Glance 2018.

在印度，远程教育是高等教育的重要补充形式，主要承担非全日制高等教育任务。就注册人数而言，远程教育的注册人数占整个高等教育注册人数的 11%，大约 382 万人（2015—2016 学年），是高等教育中不可小觑的重要力量，常规教育则是高等教育的主要和重要形式，承担全日制的高等教育任务，注册人数占将近 90% 的比例（2015—2016 学年）。随着印度高等教育毛入学率的进一步提升，印度政府已经越来越意识到远程教育，尤其是慕课等平台在高等教育大众化中的重要作用，并出台了一系列相关政策。在印度高等教育的未来发展中，远程教育模式必将大有作为。

（三）高等学校招生人数

印度政府也非常重视高等教育对印度经济崛起与高科技产业发展的基础性作用。因此，采用超常规的方式发展高等教育。一是基于巨大的人口基数，大幅度增加高校的数量，在《2020 年印度展望报告》中，提出在校生人数倍增计划，即在 2020 年之前，毛入学率达到 50%，争取实现高等教育普及化目标。二是在高等教育发展结构方面，重点发展理工科和技术教育，着力支持印度理工学院等高层次大学的发展。三是在经费投入方面给予倾斜，印度政府提出教育的经费要占到 GDP 的 6%，高等教育占到 1.5%，其中 85% 的经费分配给几所少数的精英学院，如印度理工学院等。这些理工类精英学院在师生比方面、招生权限方面都具有优先权。印度政府大力发展和扶持高等教育，希望通过培养这些科技领域的杰出人才，带动整个印度科技产业的发展和国民经济的增长。

自独立以来，经过 70 多年的发展，印度高等教育已形成相对完善的结构，学科门类比较齐全，各级各类教育兼顾发展。但由于受传统重文轻技思想的影响，印度高等教育结构仍呈现重人文轻技术的不均衡不协调状态。这种不均衡不协调既体现在普通高等教育与专业高等教育之间，也体现在专业高等教育内部：就普通高等教育与专业高等教育而言，尽管在本科教育阶段，工程和技术、科学和商业是广大学生争相学习的专业，三大专业注册人数的比例总和甚至超过了艺术/人文/社会科学整个学科注册人数的比例，但具体到专业高等教育与普通高等教育的比例上，以艺术/人文/社会科学为代表的普通高等教育的注册人数占比超过了50%，而专业高等教育的相对强势也仅仅体现在工程和技术教育领域。在研究生尤其是硕士阶段，普通高等教育中的社会科学一科就占据将近18%的注册人数比例，而商业一科的注册人数占比也将近11%，而专业高等教育领域仅有管理和科学的注册人数占比超过10%。此外，就数字来说，印度本科阶段就读于文科学位课程的人数最多，约为9506071人，是位居第2的理科学位课程的两倍，而商科学位课程也有4013898人，普通高等教育占据绝对优势（MHRD，2018：T-12）。就专业高等教育内部而言，工程和技术教育的绝对强势与农业（及相关专业）教育的相对弱势形成鲜明的对比。工程和技术教育由于涉及范围多，覆盖面广，基本上是专业高等教育的佼佼者，而农业（及相关专业）教育则基本上处于专业高等教育的底端，二者在本科、硕士、博士阶段所占比例分别为15.57%与0.67%、6.69%与0.57%和24.19%与3.83%，2017/2018学年学习农业（及相关专业）的人数也仅有232873人，而学习工程和技术的人数则为4019379人，二者可谓天壤之别，进一步体现了印度高等教育结构的不协调与不均衡。①

（四）教育工作者的人数

据全印高等教育调查报告（2017—2018）显示，2017—18年度高校教师人数总数为12，84，755人。但在其中也有说明，由于种种因

---

① 陈佳文．印度大学拨款委员会：高等教育应提升学生就业能力［J］．世界教育信息．2016（11）．

素，该数据统计并不十分完整，实际教师人数要高于此数据。从整个社会分类看，表列种姓（SC）占 8.6%，表列部族（ST）占 2.3%，其他落后群体（OBC）占 32.3%，其他普通教师超过总数的一半，占 56.8%。只有 5.3% 的教师来自穆斯林少数民族，9.4% 的教师来自其他少数民族。从性别比来看，在全印度每 100 名男教师对应 72 名女教师。在表列种姓中，每 100 名男性教师对应 56 名女性教师，在表列部族和其他落后群体中，每 100 名男性教师分别对应 66 名和 68 名女性教师。在穆斯林少数民族中，每 100 名男性对应 56 名女教师，而在其他少数民族中，每 100 名男性对应 149 名女教师。然而，应当指出的是，残疾人士（PWD）类教师中女性的比例很低，即每 100 名男性教师对应 39 名女性。在各级岗位中，教师以助理教授为主，副教授为辅，如图 2-3 所示。在总教师人数中 58% 为男性，42% 为女性，比哈尔邦的性别比例最低，男女教师比例为 1∶4，男教师占 79.1%，女教师占 20.9%。从学校类型看，大学教师总数约为 15.8 万人，其中男性占 63.6%，女性占 36.4%。

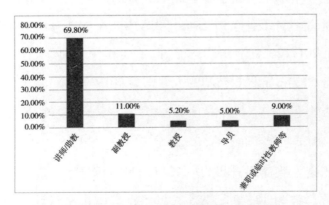

图 2-3 印度 2017—2018 学年教师层次分布图

数据来源：Government of India Ministry of Human Resource Develop-

ment，All India Survey on Higher Education 2017-2018［R／OL］．http：／／
mhrd. gov. in／

## 第四节　入学率低、辍学率高的初等教育与一流的
### 高等院校

### 一、初等教育

在印度国内，自宪法规定为所有6~14岁儿童提供免费的义务教育
之日起，政府就积极采取了各种措施，加大对基础教育的投资力度，采
用正规和非正规教育相结合的方式，解决女童和教育落后阶层的受教育
问题，在印度政府的每个五年计划中，几乎都能看到政府对普及免费义
务教育的支持与相关政策要求。但是由于独立后人口的不断增长，人民
的贫穷，社会阶层间的差距加大，资源的缺乏，传统观念对女童接受教
育的排斥，农村贫困阶层家长对教育的冷漠，以及一直以来印度政府对
精英教育的热衷，导致免费义务初等教育政策迟迟未能得到落实。就连
看似不断增长的初等教育经费，在总体教育经费所占比例，与高等教育
经费相比，也是捉襟见肘。

辍学率从总体情况来看，尽管也呈现了一个逐渐下降的趋势，却未
能改变居高不下的事实。1~8年级辍学人数男女比例中，女生辍学人数
明显高于男生，年级越高，辍学的人数也越多。由于印度国内，各邦经
济发展不平衡，各邦民族、宗教问题的多样性，使得各邦在教育发展方
面存在巨大的差异。一直以来，在印度农村，初级学校的数量较少，学

校基础设施如学生公寓、厕所、教师教具、学生教材的缺乏，以及学校整体建筑环境的简陋等，都是影响农村地区以及贫困阶层儿童接受初等教育的因素。

女童教育也不容乐观，由于印度长期处于父权制思想的影响，人们重男轻女思想十分严重，对女孩接受教育颇有微词，而这一思想在农村地区或贫困阶层人民中间更是根深蒂固。人们认为女孩应该以家庭为主，负责照顾家中年少的弟妹和年迈的长辈，接受教育只会增加家庭的经济负担。在印度，童婚现象盛行，并且结婚时女方要向男方家庭支付高额的嫁妆，这不仅为女方家庭带来了沉重的经济负担，也更加使得一些女孩的家长认为，让女孩接受教育无用，因为女孩最终要成为别人的妻子，无法为自家创造经济价值。另外，学校无法为女童提供相应的基础设施，或者学校距离女童居住地太远，造成了女童学校生活的不便、女童安全无法保证等问题，从而影响了印度女童教育发展。据 2006 年印度政府教育报告显示：6~14 岁儿童中，农村地区接受教育的男童人数为 835 人（总数以 1000 人计），即在 1000 人中有 835 个男童能够接受教育，而同样在农村的女童，在 1000 人中只有 767 人能受到教育。在城市，1000 个男童中有 890 人可以接受教育，而女童只有 879 人能有机会接受教育。由此可以看出，女童入学率与男童相比明显偏低，而与此同时，辍学率却呈现了相反的趋势，这使得女童教育成为印度政府乃至全世界都高度关注的问题。

表列种姓和表列部落的教育状况仍然令人担忧。1980—2001 年表列种姓 1~5 年级的总入学人数由 10.98 提高到 21.20（人数以百万计），表列部落 1~5 年级的入学总人数由 4.66 上升到 11.00（人数以百万计）。但 1990—2002 年的辍学率仍然非常高，1~5 年级，表列种姓的总体辍学率由 49.4 转变为 45.2（以百分比计），而表列部落则由 62.5 转变为 52.3（以百分比计）。看似辍学率有所下降，但是总体看来仍旧保持着较高的水平。而且年级越高，表列群体的学生入学人数就越少，而辍学率就越高。比如从 2000—2001 年表列群体入学人数和 2001—2002 年辍学率来看，1~5 年级表列种姓的总入学人数为 21.20（人数以百万计），而 6~8 年级的总入学人数仅为 6.69（人数以百万计）；而表列种姓在 2001—2002 年的辍学率 1~5 年级为 45.2（以百分比计），1~8 年级的辍学率则增加为 60.7（以百分比计），表列部落亦是如此。这说明表列群体的学习巩固情况做得并不好。而且，在表列群体中存在巨大的男女性别不平等，男女接受教育的比例存在明显差别，表列群体中的女童接受教育的机会更少，而辍学率却更高（由表 2-4、表 2-5 可知）。表列种姓和表列部落群体，在初等教育方面的落后状况，对普及初等教育，起到了严重的阻碍作用。

## 二、高等教育

印度的高等教育起源于英国殖民统治时期，带有鲜明的英国教育模式的特点。1857 年，在日益强大的印度中产阶级推动下，第一批大学在加尔各答、孟买和马德拉斯建立起来，使用全英文教学。1947 年，印度脱离英国殖民统治独立，将高等教育作为教育发展的重点，新增的高校快速增长，印度从 1950 年到 2002 年平均每年增加 211 所高校，每月增加近 18 所高校。印度高等教育非常规地发展建立了世界上最庞大的高等教育体系之一，目前有 300 多所综合大学，5000 多所专科学院，涵盖各个学科，学校也分布在全国各地。在印度上大学的学生有近一亿人，教师有 50 万人。在众多高校里，印度重点扶持高水平大学，印度理工学院是重中之重，印度政府专门为印度理工学院颁布了法案，赋予其独立的学术政策、招生及学位授予权，其教学与经济管理由直属中央政府的印度理工学院委员会管辖。印度理工学院创建于印度脱离英国殖民统治独立之后的 1951 年，是一所按照国际标准设置、以美国麻省理工学院为蓝本、独具印度特色的高科技学院，被称为印度"科学皇冠上的瑰宝"，是印度最顶尖的工程教育与研究机构，在印度设有 7 个分校，共 3 万多名学生。

印度理工学院是印度成功建设世界一流大学的范例。在技术、教育、人才和经济基础都很落后的情况下，印度政府采取了扶植印度理工学院的特殊政策，积极通过政府层面与苏联、德国、美国等达成高等教育援助和交流项目，通过促进理工学院的国际化，以提升高等教育质量，达到建设世界一流大学的目的。20 世纪 80 年代起，面对知识经济时代和高等教育国际化的潮流，印度理工学院进一步加强了国际合作的力度，利用已有的基础和机制探索多形式、全方位的合作模式。例如：在德国学术交流服务中心资助下，六所分校与六所顶尖的德国工业大学开展研究生合作培养。其中，卡拉格普尔分校取得海外基金会和跨国公司支持和资助，实现了教学科研设施和设备的现代化；德里分校为吸引国际机构提供资金支持赞助研究、合作研究，建立了许多现代化的实验室和支持性的基础研究中心等。

印度理工学院培养的 IT 人才遍及世界各地，美国硅谷更是这些 IT 人才的聚集地。印度理工学院为印度软件业在世界范围内的成功做出了不可磨灭的贡献。

印度在印度理工学院信息技术产业上取得举世瞩目的成就，与其国内高等院校注重技术研发、大力培养软件人才的努力是分不开的。印度理工学院作为印度 IT 最活跃、最有创造力的知名高等学府，对推动印度信息技术产业飞速发展起到了至关重要的作用。

每年有超过 30 万名成绩优异的印度中学生报考 JEE（印度全国工程学院联合入学考试），录取率却不到 2%，比哈佛大学的 13% 还要低。在印度流行这么一种说法：一流学生进 IIT（India Institution of Technology，印度理工学院），二流学生才出国念美国名校。JEE 印度理工学院考试只考物理、数学和化学，而且要考两次，第一次先刷掉后面的40%，第二次则挑出最后能够入学的考生。能够从 IIT 出来，往往就是精英中的精英。JEE 真正能够筛选出好学生，只会死背的考生，绝对考不好。JEE 考试得分排名，几乎跟 4 年后从学校毕业的学科成绩排名一模一样。

政府不遗余力地栽培造就 IIT 得天独厚的优势。从国际水平来看，IIT 绝对称不上资源丰富，7 所分校、3 万多名学生，每年经费共 10 亿元左右。但是从印度的角度来看，IIT 却可以让他校眼红。因为政府每年给其他几千所理工学院的补助，加起来也不过是 3000 多万元，只有IIT 的 3%。

IIT 共有约 15500 名大学生，12000 名研究生。IIT 不仅是印度最好的大学，在世界上也极负名气。每年 3000 多名毕业生中，大约有 2000人赴海外就业或深造，其中大多数人去了美国。美国哥伦比亚广播电视公司（CBS）曾经为 IIT 做了一个专题，名为"从印度进口"。

IIT 毕业生最爱前往的国家是美国，也因此成为美国高科技人才的重要来源地之一。加州大学帕克莱分校副教授萨克斯恩对美国高科技企业集中地硅谷的新移民企业家进行了一项调查，在约 2000 个新起家的企业之中，约有四成是由印度人开办的，而当中一半是 IIT 培育出来的人才。

　　曾有人计算过，在全世界所有大学中，IIT 学生成为百万富翁的比例最高。信息系统创办人、升阳计算机共同创办人、麦肯锡顾问公司董事总经理、沃达丰集团执行长、网威科技长等，都是具有全球知名度的IIT 校友。

第三章

# 独立后印度国民教育
# 特殊发展路径成因分析

## 第一节　历史背景

印度教育的历史非常悠久，传统文化中蕴含着非常丰富的教育思想，几千年来潜移默化地影响和教育着一代又一代。现如今印度教育正走向国际化，与其他国家的交往也日益密切，教育的高速度发展也为自己国家的政治、经济发展提供了有力的保障。

文字和科学促进了印度教育的起源和发展，并逐渐形成了独具特色的教育体系。类型多样的各类学校不但教授内容广泛的实用知识和技能，而且侧重科学知识的传授和道德教育的训诫；它不但以僧侣为师，而且产生了大批专业教师文士；印度教育不仅凝聚了印度传统文化和宗教，也成为人类古代教育史上一颗耀眼的明星。

### 一、文明古国的灿烂文化遗产

古代印度最早出现的哈拉巴文化的文明程度极高，但哈拉巴文化的教育体系和方式也因文字的尚未解读而无从研究。传承古代印度辉煌灿烂文明的教育方式，大多为宗教教育。

## 二、长达百年的英国殖民统治

1757 年，英国军队打败了莫卧儿孟加拉省地方行政官的军队，正式占领孟加拉地区，印度开始沦为英国的保护国，而孟加拉地区的商贸往来也由东印度公司管理。殖民主义大多时候被认为是一种野蛮行为，意味着对殖民地自然资源的索取，把其变成原料产地，进行不平等的贸易。但是这也是一种"输出"和转变的过程，西方国家向殖民地输出人口、技术、社会进程，甚至是病毒和灾难，把西方的经济和社会交往形式输出给殖民地，此时经济和社交关系会发生偏移导致难以预料的结果，从而促进殖民地社会转变，在转变的过程会出现新的社会关系。东印度公司为了巩固英国对印度的统治，在孟加拉国广建工厂，不断积累财富，用以维持数量较多的军队，英国向印度"输出"的过程中，客观上也使得印度社会走向了近代化。

在 1757 年的普拉西战役中，在广阔的南亚次大陆上，由于印度传统教育具有保守性，使得东印度公司在确立对印度殖民统治后一段很长的时间内，远离海洋的内陆地区仍旧以印度传统教育为主。英国以东印度公司作为管理印度的工具，曾多次颁布教育法令，这些法令文件促进了印度殖民地教育的发展。其中不可忽视传教士团体在印度殖民地教育中所起到的积极作用。传教士是以传播宗教信仰为目的，在街道以及集市上的讲道授义，由于大多数印度人所信仰的宗教是印度教或者伊斯兰教，所以对于外来的基督教并没有好感。传教士在这种直接的传教方式上碰壁后，选择了另一种间接的传教方式，即开办学校提供教育。这些传教士教育者所开办的学校，以当地语言来传授给学生基础的读、写、计算等传统科目，也提供西式的英语教育和以基督教为主的宗教课程。

由于东印度公司对于接受过英语教育的学生提供就业的优势，使得这一时期的英语教育迅速发展。

在漫长的印度教育史上，殖民地时期的印度教育占有着重要的地位。由于东印度公司以及传教士群体的参与，这一时期印度教育和传统教育有着本质的不同。殖民地教育出现及兴起之前，在印度浩瀚的领土上，印度人接受的教育主要是对中世纪传统教育的延续，主要以学校教育和家庭教育为主。在这个过程中，学校教育在政府的支持下，其社会地位日益重要。此时，妇女教育注重的是基础教育，且学习科目仅限制在阅读、作文和数学。由于印度所特有的社会状况，与低种姓学生相比，高种姓学生则占有更多的教育机会和资源，社会底层的群众很难享受到教育资源。究其根源，不得不考虑到社会所提供的教育资源有限以及印度社会分化严重这两个主要原因，此外，还不能忽视政府和很多家长对教育的漠不关心。

印度在古代就有了类似高等教育性质的机构或者中心，例如婆罗门的帕利沙德，还有佛教的那烂陀寺，如印度教授纳格帕乌尔的观点：现代印度的大学很少认为自己是受益于本国古代或中世纪的教育中心，其发展与古代的高等教育机构没有明确的关联，自己也不是这些机构的延续。绝大多数印度人民认为本国高等教育的发展是受殖民地时期高等教育的影响较深，其发展也始于殖民地时期。这一观点可以充分说明殖民地时期高等教育的发展在印度高等教育发展中的地位和对广大人民的影响力。

学术界普遍倾向于研究印度殖民地时期的教育状况，而对于传教士这一群体研究甚少。实际上传教士在这一时期对印度社会影响很大。传教士给学生提供的宗教课程并没有多大的效果，反而是西方的科学课程，使得学生已有的宗教信仰崩塌了，从而放弃之前的宗教信仰成为无神论者，而家长对于学校提供的宗教课程持否定态度，传教士逐渐适应印度社会，而又充当教育者这样的角色，这对于印度教育史上这一特殊时期的教育有着重大意义。

英国殖民期间，为了维持其统治和剥削，需要一批公务员、工程技术人员和公司职员等的协助，所以不得不从印度本地人中培养一批知识分子。但从更深层的意义上说来，通过按照英国的模式来进行教育，可以从思想上控制知识分子，并把接受过英国教育的人作为传播的工具，以达到从思想上控制印度。所以，对发展高等教育，英国殖民者还是下了一定的功夫的。1857 年就成立了三所大学——孟买大学、加尔各答大学和马德拉斯大学。毫无疑问，这些大学和学院都是按照英国伦敦大学的模式来建立的。与伦敦大学相似，此时印度的大学都只是一种考试的机构，其本身不进行教学或科研活动，主要是对自己的附属学院设立课程，举行考试以及为学生颁发学位。教学工作则都是由各学院负责。大学的设立，对标准不一、课程设置不同以及教学质量参差不齐的学院有统一规范的作用。但是，由于学院在多方面都要听从大学的安排与管理，其自身的创新性以及独特性就难以得到发展。学院附属于大学的制度被称作附属学院制，这是独立前印度高等教育的主要发展模式，并且一直延续至今，对印度高等教育的发展有着深远影响。

印度与英国的抗争不断，而其近代教育的发源之路则更显得艰辛。随着东印度公司在印度的管理走上正轨，为了获得有影响力的印度上层人士的支持，进一步巩固其在印度的地位，东印度公司对信仰印度教和伊斯兰教的有能力的学者享受英国政府的财政资助，为他们提供高等教育和政府职务。因而在加尔各答、马德拉斯和巴拿勒斯各建立一所大学，这些高校是在东印度公司的经费支持下建立起来的。加尔各答高等院校以宗教课程为主，开设科目有伊斯兰神学、法律、哲学、逻辑数学、天文学和语法等。教学用语是阿拉伯语和波斯语①。这样的大学吸引了全国各地的学生慕名而来。起初管理高校教育都有专门人员，后来由于教学上的失误，东印度公司派来专职人员进行管理，依然保留宗教课程。通过高校教育，东印度公司得到了穆斯林上层社会人士的支持。

在大学成立的同时，尤其是在大学成立之后，印度很多旧式学院也都对自身进行了改造，官办学院和学校开始出现。高等教育得到进一步的发展。但是相比于高等教育而言，印度初等教育的发展却不尽如人意。殖民地政府只是重视高等教育的发展而忽视初等教育的发展。虽然《伍德教育急件》中指出要在印度扩大群众教育，并实施补助金制度。但这一制度的关键在于，接受补助金的小学须向每个小学生收取一个月的学费。换而言之，就是初等教育的发展不能完全依赖政府的补助，也要有自己的经费。这种规定对初等教育造成了多方面不利的影响。其一，印度国内群众普遍处于贫困的状态，根本无力负担学费，所以学校也无法获得补助金，初等教育普及的目标也无法实现。其二，很多地方政府过度重视补助金制度，而忽视本地区乡村学校的发展，造成大量乡村学校倒闭或者被兼并。学校的减少同样不利于初等教育的发展。

为了考察 1854 年《伍德教育急件》颁布以来印度教育的发展状况，1882 年政府成立印度教育委员会，这是印度历史上第一个教育委员会，它的涉及面很广，主要就三个方面进行了研究。其一，政府在重视高等教育发展的同时是否忽视了初等教育的发展。其二，公立教育机构在高等教育的发展中处于何种位置。其三，政府对初等教育应该采取怎样的态度。就第一个方面，委员会建议初等教育应由地方负责，中等教育应该根据培养目的的不同而制定不同分课程，以就业为目的的课程

---

① 王长纯. 印度教育［M］. 长春：吉林教育出版社，2000：50.

应与以升学考试为目的的课程区分开来。就高等教育而言，委员会认为应该推行放任政策，政府鼓励私立院校的建立并减少公立院校的建立，允许私立院校的学费低于公立院校。委员会对教育的建议特别在高等教育方面具有深远影响。

### 三、根深蒂固的宗教信仰

基督教在印度的传播过程是漫长且艰辛的，基督教传教士早于英国的殖民主义到达印度。最早来到南亚的基督徒是托马斯（Thomas），他是基督耶稣的十二使徒之一，于公元前 52 年，在印度东南沿岸的马拉巴尔港口（Malabar）登陆。

据说在圣灵降临节之后使徒们就四散奔走，而托马斯被委派到帕提亚、米提亚、波斯与印度地区传播福音。他最终抵达南亚，带着他的信念来到马拉巴尔港口，当地人称他为"托马斯基督徒"，这让托马斯欣慰不已。基督徒们后来抵达印度西南部的喀拉拉邦，印度的基督教就是从喀拉拉邦发源，后来流传至整个印度。

尼西亚会议出席了 318 位主教，其中有一位来自印度。在尼西亚会议期间，于公元前 325 年撰写了《尼西亚信条》，印度的大主教马·约翰在会议的判决书上署名为"大都市波斯高级教士与伟大印度主教"。学者描述到，在印度传统中克利须那神可以窥探出基督教的影子，克利须那神是印度传统史诗《薄伽梵歌》的主要人物，是一位人神合一的老师。印度次大陆主要是印度教和佛教的诞生地，以及不为人所熟知的耆那教（印度非婆罗门教的一派）和锡克教也诞生于此。直到公元 12 世纪初，伊斯兰教占领印度北方。印度教、佛教和耆那教曾尝试过吸收其他宗教的传统到自己的教义上，然而最终并未成功。在这些宗教的影响下，基督教在几个世纪内的影响才慢慢消散。

宗教在古代印度挑起了教育的大梁。不论婆罗门教或佛教，都极其重视学习《吠陀经》、佛经以及各种清规戒律。宗教不仅作为一种信仰，也是一种价值观念，一种生活方式，一种文化被延续下来。古代印度的教育从内容到形式，也就必然以宗教为核心，如教学中必须加入宗教的内容，必须以戒条训律为处世准则等。种姓制度和宗教对印度教育的影响，再加上口授教学的传统、缺乏技术设备，《吠陀经》的内容和权威性等因素，虽都有利于传授知识，却不利于激发个人的主动性和创造性。

## 四、影响深远的种姓制度

种姓制度的鸿沟在教育上表现得极为明显，种姓制度及其他宗教仪轨规定了教徒的义务、责任及衣食住行的行为规范。每个人从一出生就被限定在一定的社会阶层上，他与其他人或其他社会团体的关系也被界定。这些规范和制度像一张无形的网束缚着人们。只有属于婆罗门种姓的人才有权享受完备的教育，教师也只有婆罗门人才能充当，非再生种姓的人如果学习经典，就可构成重罪。《高达摩法典》规定"假若首陀罗故意听人（诵读）吠陀，须向他的耳中灌以熔化的锡和蜡"。在种姓制度的影响下，教育具有明显的等级性。印度历史上的一切教育组织无不打上这一烙印。尽管佛教出现，但种姓制度和婆罗门教一直占据印度传统文化的核心。教育的核心任务就是维系种姓制度。至今印度社会还保留着种姓制度的沿袭，表列种姓与表列部族人群仍然得不到良好的教育。

# 第二节　政治因素

### 一、印度向往成为世界一流大国

英国对印度的殖民统治可追溯到 1757 年的普拉西战役，该战役以英国对葡萄牙的大胜落下帷幕，至此东印度公司的地位得到了确立，标志着英属印度的时代正式开启，在随后近两个世纪的时间里，英国对印度进行了殖民统治。直到第二次世界大战末期，随着民族解放运动在世界范围内迅速展开，帝国主义下的殖民体系开始土崩瓦解。在反殖民主义的斗争中，印度国内涌现了一大批仁人志士，代表人物有莫罕达斯·卡拉姆昌德·甘地和贾瓦哈拉尔·尼赫鲁。甘地提倡以拒绝合作与非暴力的方式进行抵抗，他在印度人心中具有神一样的地位，其追随者之一的尼赫鲁，也在对抗英殖民政府的斗争中逐渐树立起威望并获得民众的信任。

尼赫鲁出生于名门望族，自幼便接受英式教育，优越的家庭条件赋予尼赫鲁乐观的性格，在独立斗争的过程中，他始终对印度未来怀有美好憧憬，是一名不折不扣的理想主义者，他曾被英政府逮捕入狱，在狱中他在《印度的发现》一文中这样写道："印度以它现在所处的地位，是不能在世界上扮演二等角色的，要么就做一个有声有色的大国，要么就销声匿迹。中间地位不能打动我，我也不相信任何中间地位是可能的。"[1] 此后，在一次著名的全国广播讲话中，尼赫鲁再度明确表示，

---

[1]　贾瓦哈拉尔·尼赫鲁. 印度的发现［M］. 向哲濬，朱彬元，杨寿林译. 上海：上海人民出版社，2016：38.

印度注定要成为世界上第三或第四位最强大的国家。印度认为自己的国际地位不是与巴基斯坦等南亚国家相比，而是应该与美国、苏联和中国相提并论①。事实上，尼赫鲁一贯秉持着如此思想直至其逝世。

1947 年 6 月，英国提出《蒙巴顿方案》，随后印巴分治。同年 8 月，印度自治领成立。独立后的印度，继承了英国的大国抱负，迫切希望在国际舞台上扮演重要角色。在同年 12 月 4 日，尼赫鲁在向印度制宪会议发表的演讲中明确指出："我们的主要目标是要把印度人民的生活水平全部提高起来，在心理和精神方面，当然还有政治和经济方面……"② 1950 年 1 月印度正式宣布成为共和国。尼赫鲁以开国元勋、国大党领袖的身份出任总理。

印度国内的各项事业在短期内取得了飞速的发展，但由于在英殖民统治期间，印度经济体系遭到严重破坏，尼赫鲁深谙政治上的独立必须以经济独立作为支撑，为了向世界快速证明印度的复兴，朝着在最短时间内把印度建立世界一流大国方向的目标前进。在尼赫鲁的领导下，独立初期的印度并非立足实际，从基础做起，而是开展了一些远大的但不切实际的工程，盲目地追求世界一流。然而直到尼赫鲁逝世，印度的大国地位仍然没有建立起来，但是他所提出的大国梦却成了印度的政治遗产，不仅对国大党，也对包括人民党等在内的反对党产生了影响，大国梦已经超越了尼赫鲁的个人意志，上升到国家和民族意志之中。

印度对建设世界一流大国的憧憬并非成于一朝一夕，大国梦的形成浸透着印度教文化的影响，也包含以尼赫鲁为代表的印度精英阶层的期

---

① NEHRU J. India: Speech in the Constituent Assembly on 4 December 1947, in A. Appadorai（ed.）, Select Documents on India's Foreign Policy and Relations, 1947—1972［M］. London: Oxford University Press, 1982: 10-11.

② 林承节. 印度独立后的政治经济社会发展史［M］. 北京: 昆仑出版社, 2003: 156.

望。在文化上，印度固有的种姓制度使得印度人对身份地位的概念尤为敏感，注重繁文缛节的印度教徒长期以来存在重视象征意义的行为倾向，加之能言善辩却不注重行动的特点使印度人认为印度获得大国地位理所应当。① 印度大国梦的信心同样来源于政治独立的历程，印度是最早和平独立并建国的殖民地国家，具有先进的西方民主政治制度。以和平的方式率先取得独立，并建立了稳定民主制度，维系着一定实力的军队，这段经历给予印度特殊的自豪感和责任感，认为印度应该成为第三世界国家的代言人。而印度独立后采取的西式政治制度，拉近了印度与西方国家的距离，让印度产生了一种潜在成为西方发达国家的错觉。

当然，印度的大国梦不仅源于文化背景和精英阶层的期待，更为重要的是印度拥有成为世界大国潜力和基础。印度是世界上国土面积第七大的国家，总面积约为298万平方公里。② 自然资源丰富，其中铝土储量和煤产量均占世界第五位，云母出口量占到了世界出口量的60%。印度还拥有世界上最长的海岸线，总长度超过5000公里。因为其地理位置，印度在印度洋范围之内没有与之匹敌的国家，而在南亚各国中，印度在政治、经济和军事上更是拥有当之无愧的霸主地位，是影响南亚各国之间关系和印度—太平洋战略格局的核心国家③，再加上印度北临高耸的喜马拉雅山脉，东西紧靠广阔的海域，筑起了防范他国入侵的绝佳自然屏障。

这些得天独厚的自然条件为印度大国梦提供了可能，为实现成为世

---

① 毛悦. 大国梦想：印度经济改革与增长的深层动力［D］. 北京：中国社会科学院研究生院，2011.

② 中华人民共和国外交部：印度国家概况，［EB/OL］. https://www.mfa.gov.cn/web/gjhdq_676201/gj_676203/yz_676205/1206_677220/1206x0_677222/，2023年1月.

③ 朱翠萍. 论印度"大国梦"的成就与困境［J］. 印度洋经济体研究，2014（1）：33-50.

72

界级大国梦想的基石，印度独立以来的几代领导人都做出了巨大的努力。独立初期，受内外因素的限制，尼赫鲁政府主要通过外交实践活动来扩大其国际影响力，对外采取不结盟政策，争取在不结盟运动中的话语权，以扩大印度的国际关系网，扩展印度的战略回旋空间。尽管一系列出色的外交政策使印度在独立之初享有远超国家实力的国际地位，但是没有实力作为后盾就谈不上国家地位的真正崛起。为此，尼赫鲁从包括国家教育事业在内的多方面入手，做出了一系列努力。

教育作为人类社会固有的一种实践活动，它与一国政治、经济有着密切联系，教育的发展受到政治经济的规定与限制，独立后印度教育的特殊发展，正是印度大国梦下政治、经济发展需要的体现。接受过英国高等教育的尼赫鲁对科学技术、对社会生产力发展的积极作用有着深刻的理解，在印度共和国刚成立、百废待兴的境况下，尼赫鲁把教育事业的发展作为优先选项，并将其提到了前所未有的高度，他把高等教育视为国家现代化发展的助推器，采用跨越式的发展模式，对固有的教育结构发展顺序进行了调整，在初等教育尚未普及的情况下，优先集中力量发展高等教育，主动将高等教育计划列入国民经济发展计划之中，并以立法的方式来保证重点院校的发展，从而出现了 20 世纪 50 至 60 年代为期十余年的高等教育大发展时期。在此期间，印度政府从宪法、法律和政策上对高等教育给予重视，在 1950 年印度制定的宪法中，集中表述了印度的基本教育政策，对教育发展的总目标和基本原则做出了规定，高等教育置于宪法的统一框架之下，指导各时期高等教育政策文件的制定和出台。印度宪法中明确规定，大学在内的教育是国家的事业，高等教育由联邦政府和邦政府共同负责管理。

为解决高等教育改革和发展问题等一系列问题，促进高等教育蓬勃发展，尼赫鲁政府又在第一时间成立了"大学教育委员会"（The University Education Commission）即拉达克里希南委员会（Radhakrisnan Commission）。该委员会由达克里·希南直接领导，主要职责是对印度教育状况进行调查研究，提出相应的改革建议，并根据中央政府要求，制定国家高等教育发展规划。为了赋予高等教育行政管理相关人员权力，1949 年印度大学教育委员会要求将高等教育列入宪法条款之中，在其报告中明确指出："应该把大学教育规定在宪法的统一条款当中。中央政府与各大学的关系，包括中央向各大学提供资金，协调特殊学科的专用设备，对大学实行全国统一政策，保证有效管理，协调大学与全国性研究所，实验室的科学研究。"① 印度大学教育委员会向政府提出的报告，为高等教育发展提供了坚实的理论基础，对独立初期的印度高等教育发展提供了指导作用。

在教育部和大学教育委员会的共同努力下，独立后的印度高等教育有了明显进展。以高等院校的数量为例，1950 年印度全境高校总量约为 600 所，经过 15 年的发展，1965 年这一数字达到了 2370 所，增长率近 400%。同年，中国高等院校数为 434 所，与 1950 年 193 所相比，增长率为 224%，仅为前者的一半②。需要指出的是，由于印度政府急于实现大国梦，短时间内并未对高等教育的发展制定出详细的规划，出于政治压力，此时的高等教育发展主要集中在规模的扩张和数量的增长上。

另一方面，高校数量的增长带动了教师和学生数量的增加。1950—1951 年高校注册学生总数约为 17.5 万，教师总数近 2.2 万；到了1955—1956 年，高校注册学生总数已接近 30 万，教师人数近 3.3 万；1959—1960 年，高校注册学生数再创新高，突破了 48 万，而教师人数

---

① 马加力. 当今印度教育概览［M］. 郑州：河南教育出版社，1994：188.
② 刘光主. 新中国高等教育大事记［M］. 长春：东北师范大学出版社，1990：68.

也达到了 5 万。印度的高校数量不仅在发展中国家中遥遥领先，其增长速度在发达国家也是首屈一指，高等教育绝对数量的增长弥补了因初等教育落后导致的平均入学率降低，高等教育学生数也在飞速增长，1950年至 1985 年，高等学校学生数平均增长率高达 9%，在 1955 年至 1971年，平均增长率超过了 13%，远超过同期美国 4.3% 的增长率，尼赫鲁政府对印度高等教育的重视程度可见一斑。在众多高校中，又以印度理工大学为代表。印度理工大学（Indian Institute of Technology），简称IIT，成立于 20 世纪 50 年代初，是印度国内最为著名的高等院校，自成立之初就受到了中央政府的大力扶持，即使在印度经济最艰难的时期，初等教育几乎停摆的情况下，印度政府对以 IT 为首的高等学校的支持也从未停止。印度理工大学成立后的短短几十年间，凭借其出色的软件工程专业，成为世界闻名的大学，并且每年为印度培养数以万计的优秀软件工程师，众多该学校的毕业生受聘于美国硅谷的科技公司，极大促进了印度软件业的发展，确立了印度在世界范围上软件外包行业的领先地位，为将印度建设成为"有声有色的大国"迈出了坚实一步。

简言之，以优先推动高等教育发展的方式，促进科技转换为生产力，引领印度走向现代化发展的道路，从而实现将印度建设成为世界一流大国，是尼赫鲁乃至印度历届政府领导人优先发展高等教育的核心思想和主要原因之一。在经济社会发展过程中，印度的初等教育被抛之脑后，最根本的原因并非对初等教育的不重视，相反，印度独立初期对初等教育十分重视，在 50 年代的"一五计划"中也多次强调教育均衡和普及教育对印度国民经济和社会发展的重要性，然而在实践过程中，由于印度幅员辽阔，人口众多，并且宗教各异，种族情况复杂，再加之独立初期政治经济基础薄弱，政府经费紧张，导致初等教育的普及具有极大的难度，在操作上不具有可行性，并且基础教育投资巨大，而所带来的收益在短期内难以显现，这明显与尼赫鲁迫切地将独立后的印度建设成为世界一流大国的设想不相契合。因此，对印度政府来说，虽然教育结构（高等教育、中等教育、基础教育）的均衡发展具有战略前瞻性和重要性，但在印度独立后建设世界一流大国憧憬的引领下，发展初等教育的紧迫性实质上日益锐减，具有直接科技生产力的中等教育以及高等教育，所凸显价值与日俱增。

印度独立后至20世纪50年代，印度精英阶层在大国梦的憧憬中，推动了高等教育发展的第一个阶段，国家对高等教育采取了前所未有的重视，在法律地位、政策、经费等各方面对高等教育给予完全的支持，对高等教育在印度政治、经济中的作用提出了更高的要求。1950年后，印度高等教育的发展已经突破了其自身固有的意义，与建设世界一流大国的发展战略紧密结合，并根据印度经济社会实际发展需要来制定，发展目标清晰且具体，同时所制定的高等教育相关政策系统阐述了以高等教育为优先的印度教育在国家政治经济建设中的重要地位和作用，而印度政府也始终把高等教育置于教育发展重中之重的地位来对待。

## 二、印度领导人的"西方阴谋论"

近两个世纪的英国殖民统治彻底改变了印度的社会性质，也给印度国内政治经济发展带来了严重打击：政治上，全印度先后笼罩在东印度公司和英国政府的殖民统治之下，主权丧失；经济上，印度经济失去了独立性，沦为英国商品市场和原料生产地，工业体系残缺，重工业尤为薄弱，经济结构畸形发展。与国内破碎不堪的政治经济状况相同的还有印度的教育，英殖民者到来之前，印度具有其传统教育模式，即印度教徒和穆斯林分别通过帕沙拉（Pathsala）和马德拉萨（Madrassa）的方式接受教育，但随着东印度公司的到来，传统的印度教育模式遭到了彻底的破坏。为了维护殖民统治，英国政府迫切需要从印度人中培养知识分子，通过使其接受英国的教育，从而实现在思想上对印度的控制。1857年，英国以伦敦大学模式为依据，在印度成立了孟买大学、加尔各答大学和马德拉斯大学，这三所大学与伦敦大学相似，主要是作为考试的机构，并不会从事教学和科研等相关工作，教学工作则直接由大学下附属的学院自行负责，这种制度被称为附属学院制，该制度在印度独立后一直延续了下来。

英殖民时期的高等教育，实际上是一种精英教育，授课的语言均为英语，印度底层人民根本没有机会也没有能力接受教育。另外，殖民教育的根本目的是维护殖民统治，是为统治阶级所服务的，因此教育的内容也以奴化教育为主。可以说，英殖民时期印度民众不仅在生活上处于水深火热之中，在思想上也遭受到了严重的摧残，英殖民者的到来破坏了印度传统宗教文化、社会结构，也使得教育发展与人民脱轨，这使得印度民众对英政府的教育等多项方针政策颇为不满，这种不满的情绪一直延续到1947年印度独立，当时印度举国上下对英国在殖民统治时期的严酷统治和剥削压迫历历在目，国内各阶层都对英国等西方资本主义有着强烈的不信任感和抵触感。因此，在印度初期的政治，经济和社会建设过程中，印度有意避免完全沿袭西方的发展模式，以甘地、尼赫鲁为首的国家领导人在众多领域中结合印度实际情况，寻求具有印度特色的独立发展模式，这其中就包括印度教育。

20世纪50年代，英国已经拥有世界最顶尖的教育资源和高等学府，发达的教育支撑起了英国强大的军事实力和经济实力。独立伊始，印度高层与民众一方面对英国殖民统治中的种种行径深恶痛绝，但另一方面也从英国先进教学制度和科学技术中受益，最突出的例证之一便是殖民时期英国设立的大学学府，这些高等学府对后来印度高等教育的发展奠定了坚实的基础,印度学者纳格帕乌尔也曾感叹:"现代印度的大学很少认为自己是受益于本国古代或中世纪的教育中心,其发展与古代的高等教育机构没有明确的关联,自己也不是这些机构的延续。"① 英国强大的国家实力和对教育的重视程度使得印度国家领导人认识到教育,特别是高等教育对国家发展的重要性,国家实现政治经济等相对应的发展目标必须首先提高教育的发展水平。

当时,在教育领域的研究中,西方学者走在了前列,20 世纪 50 年代末 60 年代初,正值教育经济学的形成时期,以美国学者舒尔茨和丹尔森为代表的经济学家讨论了教育对经济发展的正向作用与功能,1966年《教育经济学选集》的出版,更是集合了当时学者对于教育经济学的研究成果,教育经济学逐渐从分支学科向主流学科的方向发展,并引起了人们的关注②。该时期,西方学者提出了众多教育相关理论,除了著名的人力资本论,筛选理论和劳动力市场划分理论,西方学者还对教育发展规律和顺序做出了一系列论述,他们认为:根据教育发展的阶段性理论,一国的教育发展应该从基础到复杂的方向进行,即从初等教育到中等教育再到高等教育的顺序发展。这本是教育发展的固有规律,但该观点却遭到印度众多教育决策者的反对,他们对西方国家本无好感,认为该理论只是发达国家的所谓学者为达到不可告人的目的所采取的一些欺骗手段,是西方世界向第三世界国家中头脑简单的人"兜售"的骗人的东西。如果按照教育发展顺序的固有逻辑,印度应该先从基础教育的普及开始,但从实际情况来看,具体实施起来将是极大的挑战。这是因为,长期的殖民统治使得印度经济发展几乎完全依赖于英国,主要靠原料出口和产品初级加工,虽然独立初期的印度经济发展水平在第三

---

① 赵中建. 战后印度教育研究 [M]. 南昌:江西教出版社,1992:12.
② 范先佐. 教育经济学新编 [M]. 北京:中国人民大学出版社,2014:50.

世界国家中排名靠前，但国内贫困问题十分严重。严重的贫困直接加剧了普及基础教育的难度，据印度官方统计，1949 年 6 岁至 11 岁间适龄儿童的总入学率仅为 40%，本应接受中学教育的 11 岁至 18 岁以下的适龄人口入学率更是低至 10%，初等教育和中等教育的基础相当薄弱①。到了 1951 年年底，这一情况仍未获得改观，当年印度总人口约为 3.61 亿，但印度全国人口的识字率仅为 16.6%，超过八成的印度国民是文盲，其中农村人口和妇女的教育水平令人尤为担忧，仅有 6% 的农村居民和 8.9% 的妇女能够识字。小学入学率极低，只有四成左右的适龄儿童有机会步入校园接受教育。高等教育状况虽然也不容乐观，但由于英殖者统治时期，英政府将高等院校作为向印度上层灌输西方思想观念的重要工具，因此高度重视在印高等院校的建设，高等院校实质上取得了一定的发展。因此在独立初期，印度高等教育的发展仍略好于初等教育，全印高等院校的学生总数也达到了 30 万②。

虽然困难重重，但印度政府也并没有放弃教育事业的建设。印度政府首先从学制的改革开始，学制改革遵循的是 20 世纪 30 年代甘地提出的基础教育思想，即将基础教育作为初等教育发展的主要模式，在中等教育和高等教育上，成立高级中等学校，对原有中学和学院进行改革，对于两年制的中间学院予以取消，并将之前高等教育修业年由 2 年限延长至 3 年。但由于诸多因素的限制，甘地所提倡的"基础教育"最终并未成为印度全国的初等教育模式，也并未发展成为一种国家制度③。

从整体来看，印度国家建设需要包括初等教育、中等教育和高等教

---

① 安双宏. 印度基础教育发展热点问题评析 [J]. 教育发展研究，2010，30（4）：72-75.
② 林承节. 独立后的印度历 [M]. 北京：昆仑出版社，2003：156.
③ 赵中建. 印度基础教育 [M]. 广州：广东教育出版社，2007：73.

育在内的整体教育事业的进步做支撑，教育所培养的高科技人才和技术劳动者都是印度社会所急需的。建立一个布局合理、各阶级兼顾和良性发展的教育结构才是最符合印度国情的基本需要，但在促进教育事业发展过程中，印度政府发现发展初等教育面临着严峻的挑战和障碍：财政经费紧张，教师数量不足，组织管理混乱，经济效益低以及扫盲运动难度巨大等问题层出不穷。而高等教育略有基础，发展起来难度较小，并且可以短时间提供大量的科技人才，是实现印度现代化进程的助推器。初等教育发展难度高、时效长、成效小，而高度教育优先发展则更能为印度独立初期的工农业建设做出实际贡献，加之对西方国家固有的不信任感，印度部分官员认为教育发展固有规律是错误的，导致在尚未普及初等教育和中等教育的情况下，实行普及初等义务教育和加速发展高等教育齐头并进，甚至优先发展高等教育的策略。

在西方思想的影响下，印度政府对发展高等教育具有明显的倾向性：1948 年印度政府率先成立了大学教育委员会，主要对印度高等教育的现状展开调查和研究；1952 年中等教育委员会也随即成立，主要针对中等教育改革提出建议。其中，大学委员会在成立之初，短短一年时间里就对全印高校培养目标做出了论述，完成并提交了报告，提出了涉及教学人员、教学标准、相关课程、研究生培养和研习等十三个方面的专业化建议。一方面是高等教育和中等教育研究如火如荼地进行，另一方面初等教育发展情况的研究却迟迟没有进行。直到 1964 年，印度政府才成立了以科塔里博士为主席的教育委员会，负责对印度整体的教育情况进行研究，该委员会于 1966 年提交了题为《教育与国家发展》的首份报告，强调了印度教育重建的必要性，并尖锐地指出："印度教育需要有一种根本的重建，几乎可以说是一种革命。"在该委员会的推动下，印度议会于 1968 年通过了《国家教育政策》，对印度全国初等教育、中等教育及高等教育的教育年限做出了统一性规定，即"十二三"学制，虽然这是印度政府为改善初等教育在内的整体教育发展做出的努力，但此时的研究重点仍然围绕着高等教育展开。

在教育经费上，从50年代初的第一个"五年计划"开始，印度政府就在逐年调高对高等教育的经费投入，到1979年"五五计划"结束时，高等教育总支出已经从最初的1.4亿卢比增长至18.35亿卢比，在教育经费的占比也从最初的9%跃升到22%（第四个"五年计划"结束时曾到达25%）。除了财政支出的上升，高等教育的经费构成比例上的变化也体现出了政府对高等教育重视的加深，印度高等教育经费构成主要有政府投入、学费收入和其他收入。50年代初期，高等教育的学费收入为36.8%，政府投入为49.4%；60年代初学费收入下降到了34.8%，政府投入上升至53.5%；70年代初学费收入仅为25.5%，政府投入突破了60%，达到了61%；80年代初期学费收入占比再次缩减到17.4%，政府投入为72.8%①。而另一方面，本应更受关注的初等教育的经费占比却越来越小，"一五计划"时期初等教育的经费支出占比为56%，但这一比例在逐渐降低，在"四五计划"结束时，初等教育支出只占到总支出的30%，并且在未来10年都大致维持在该水平。这种情况一直持续到80年代中期拉·甘地政府上台才有所改善，印度政府一改以往的"精英教育"模式，强调基础教育对国民教育的重要性，认识到初等教育才是教育之本。印度政府逐渐把基础教育摆到国家优先发展的战略地位，在1993年至2002年短短10年间，将基础教育的经费开支从原先的GDP占比1.7%增加到2.1%，基础教育经费增长占国家公共教育开支增长部分的60%以上。2004年印度从中央主要税种中

---

① 刘晓燕．独立后印度高等教育发展模式的历史考察［J］．山西师大学报（社会科学版），2009（36）：100−102．

征收 2% 的教育税，用于发展初等教育，2007 年征收 1% 的教育税，用于中等和高等教育。2008 年印度对高等教育的投入占总投入的 11.89%，而基础教育占到了 52.13%，中等教育占 29.34%①。2018 年到 2020 年连续三年高等教育经费公共支出 GDP 占比为 0.52%、0.61%、0.62%，而基础教育占比为 1.54%、1.76%、1.98%。②"

发展中国家在教育发展的初级阶段，都必须面临教育发展优先次序的选择，印度教育结构的失序发展有许多客观因素，但"西方阴谋论"的论断，却是印度决策者教育政策主观判断上的一次重大失误。美国著名经济学家道格拉斯·诺斯（Douglass C. North）就曾指出："纵观历史，大部分时期都缺乏对生产性知识进行投资的制度激励。甚至在今天的第三世界经济体中，这种激励方向常常是错的。即便第三世界国家确实在教育中投资，他们也经常错误地投资在高等教育上，而不是初等教育上。"③ 印度统治者的政治意愿和管理上的失误导致印度初中高教育结构严重失衡。初等教育迟迟未能得到发展，而中等教育和高等教育则迅速扩张，以至于印度教育结构呈现出头重脚轻的病态结构，并在后来半个世纪的时间里都未能完全扭转过来。

### 三、议会制大国

印度独立后沿袭了英国的政治制度——联邦议会制，并根据印度国内情况进行了调整，采取由底层向上层方向发展的道路。1950 年后，印度将普选权、三权分立、多党制、议会制等众多基本民主制度列入新

---

① 余军华. 印度教育经费投入及启示 [J]. 行政事业资产与财务，2011（10）.

② Government of India Ministry of Education. Analysis of Budgeted Expenditure on Education2018-19 to 2020-21 [R/OL]. http：//mhrd. gov. in/

③ 曹淑江，李倩. 三个发展中国家教育发展优先次序的比较研究 [J]. 中国人民大学教育学刊，2018（4）：5-22.

制定的宪法中，印度民众参与政治生活的积极性非常高，1951 年 10 月 25 日至 1952 年 2 月 21 日，印度进行了历史上第一次联邦人民院和邦立法院选举，全国内登记选民共 1.7321 亿人，有 1.0595 亿人参加了投票，投票率为 61.1%。如此庞大的选民数量，在世界上都是罕见的，印度也一跃成为世界上最大的民主国家。印度民主政治制度的形成是由众多因素共同决定的，具体而言可以归纳为三个方面。

首先是历史因素。英国的殖民统治对印度民主政治的建立具有重要的影响，18 世纪中期后，英国对印度实行了近两个世纪的殖民统治，政治统治最为突出，东印度公司作为英国殖民统治的重要工具，在给印度社会带来灾难的同时，也完成了印度政治的统一。因此，英国的殖民统治对印度的影响具有双重性：第一，殖民统治破坏了印度原有的社会结构，推动了原有的自然经济的解体，改变了印度旧社会落后的生产方式；第二，殖民统治一定程度上加速了印度现代化进程的发展，英国殖民者为维护统治，向印度引进了一系列先进的生产技术和政治制度，优化了印度国内生产关系，有效提高了社会生产力。其中，在民主政治制度的层面，英国在印度设立了先进的行政机构、司法机构和立法机构，建立了一套完整的政治统治结构。印度原先的封建统治管理阶层被废除，转而设立了省级地方行政机构，并在英国内阁中增设印度事务大臣，成立了印度事务会，专门管理印度相关事务。同时，完备的司法系统也逐渐建立起来，许多高等法院在印度各邦先后建成。针对立法的相关问题，英国设立了立法机构，并最终促成了印度宪政改革的开启（1861 年立法会议改革）。除以上基本政治机构外，英国对印度民主政治的影响还包括公务员制度的建立。殖民统治初级东印度董事会具有直接任命公务员的权力，1853 年后，英国政府提出法案，废除了东印度公司该项权力，提出公务员的选拔必须以考试的方式进行，公务员考试选拔制度在当时非常先进，这一制度使得所有印度人都有机会加入国家公务员队伍之中，虽然有诸多限制，但是仍然为印度知识分子提供了参与到国家政治建设的可能性。这一制度一定程度上改善了英国政府与印度知识分子对立的状况，有助于英国殖民者统治和管理印度，同时吸引了大批有意参与政治事务的仁人志士。此外，19 至 20 世纪的英国，是西方资本主义国家之首，英国的民主制度也是当时西方国家中最为先进和完备的，印度政治精英对于英国的民主政治制度基本是持积极态度的，英国政府对印度部分传统政治制度进行的有力改造，以及先进的西方政治文化输入，使民主的概念在印度逐渐生根，在长达两个世纪的统治中，带有西式特色的政治制度和政治文化在潜移默化间影响着印度，最终导致印度的政治文化产生了根本性变化，为日后印度民主政治制度的形成奠定了思想基础①。

其次是文化因素，古代印度社会高度重视精神层面的修养，对精神层面的追求远远大于对物质生活的追求，严格的宗教信仰引领和指导着印度各阶层的精神生活，而在不同的宗教信仰中，人们的价值观也趋向于差异性，印度这样一个泱泱大国，国家的统一管理必须以适当的方式进行。有印度学者就曾明确指出，印度国家存在和统一的主要力量，是宗教信仰与规范，绝非权力与武力。印度文化的多元性、民族的多样性造就了印度难以统一的特点，西方民主政治制度强调的信仰自由、言论自由等自由和民主的观念与之是相吻合的。同时，参与政治事务管理的印度本土人多为知识分子，而近代印度民众受教育的机会苛刻，社会中的知识分子多是来源于富足的上层种姓家族，这类人群因为出身显贵，拥有强烈的优越感和自豪感，他们多是接受宗教相关的教育，所掌握的

---

① 许清泠. 植入式民主的本土化进程——浅议印度民主政治 [J]. 黑龙江科技信息，2012（31）：240.

知识带有宗教色彩，而在传统印度国情下，世俗权力是无权干涉宗教活动的，这为印度的传统学术营造了十分自由与宽松的氛围。因此，处于英国政府之下的印度国内上层阶级具有很强的政治妥协性，他们对于西方先进文明具有一定程度的适应性，并逐渐形成了自己的政治观。印度的知识分子在印度民众化进程中扮演了重要作用，印度的议会民主制度在成为印度主流制度的过程中，这些受过西方教育并且出生于上层社会的政治家、知识分子起到了关键性的推动作用①。

最后是政治因素，印度民主制度的形成同样可以归结于印度的特殊国情。古代印度并不是集中统一的封建君主政体，国家缺乏凝聚力，长期处于四分五裂的状态，国家统一的局面存在时间十分短暂，这与中国古代君主集权制存在显著差异，印度并没有一个拥有统治权力的中央政府来管理全印和行使权力。这一特点赋予印度特殊的民族价值观和民族意识，成为印度政治团体分散存在的主要原因，这与印度复杂且"分裂"的传统文化是相呼应的，印度民众在语言、信仰、种族和种姓上的分化十分明显，据调查，印度任意两人间种族相似的概率不到一成。因此，印度社会中存在相当的分治特征，整个社会对权力统一的推崇度是极低的，特殊的国情导致印度政治逐渐具有宽容性和接受度高的特点。事实上，印度是一个拥有数千年政治文化的历史大国，在英殖民短短一两百年间就接受并吸收了西方全新的民主政治制度，也从侧面印证了印度宗教、语言和民族的多元性，本质上是符合多元价值观和言论信仰自由的现代西方政治制度，这也最终为印度的西式民主制度的诞生提供了土壤。

印度民主政治制度的建立是以尼赫鲁社会主义思想为依据，在经济

---

① 孙培钧，华碧云. 印度国情与综合国力［M］. 北京：中国城市出版社，2001：21.

上实行社会主义，政治体制上采取西式民主议会制度，以此制定了一部议会民主政体的宪法，建立健全了自由选举制度，实行了三权分立和文官制度，促进了印度社会的发展。民主政治制度给印度带来了进步，并且在所涉及的各方面中，选举权的普及极具价值和意义，普选使得贫困和未能接受教育的人群可以在选举中发声，督促政府强化教育结构均衡化，特别是基础教育的发展，这对教育的平民化和普遍化产生十分积极的意义，但实际情况却不尽如人意，基础教育在很大程度上受到了严重的压制，这与印度的民主政治存在的固有问题息息相关。

（一）政治与经济发展脱节

纵观所有实行民主政治制度的西方发达国家，政治制度都是以高度发达的经济水平为支撑，英国作为印度学习的主要榜样，虽然在 20 世纪以来国力已大不如前，但综合国力仍然在西方老牌资本主义国家中排名靠前，议会民主制在英国的形成和确定既有其合理性也有其可行性。在印度，民主是在独立初期空中落地后被强行植入，虽然后来被广泛接受，但由于失去了民主形成过程、民主政治与经济融合过程，所以印度的民主是不完备的。而且由于印度经济落后，政治发展缺乏经济的支持，经济与政治两者的不协调是印度民主政治发展的软肋，也是社会矛盾不断加深的原因所在。民主政治制度下印度无雄厚的经济实力作为支撑，导致民主政治所需要的社会基础不够稳固，加之中央政府也没有强有力的权力来管理国家，社会资源缺乏合理的再分配过程，印度普通民众根本无法达到经济上的平等权利，他们作为初等教育最主要的受众人群，长期处于贫困之中，已无力接受基础教育。同时贫富差距向两极扩展，经济发展的大量成果被富有阶级攫取，富者通过原有的财富和地位进一步追求自身利益，参与政治事务，进而压榨普通民众，从中获取更多利益。在教育上，资源分配极不合理，很多地区的教育资源十分匮乏。此外，教育资源分配不合理和分化的问题也十分严重。以学费为例，初等教育中的政府学校、中心学校、普通学校和精英学校学费差异巨大，只有富有的上层阶层子女能够进入精英学校，享受优质的教育机会，其余社会成员只能接受存在诸多问题的教学安排。初等教育的多数普通学校教育质量堪忧，导致印度公民的识字率甚至低于其他南亚国家。如表3-1、3-2。

表3-1 印度部分人群平均识字率（单位：百分比）

| 类型 \ 年份 | 2001 年 | 2006 年 | 2011 年 | 2018 年 |
|---|---|---|---|---|
| 成人识字率（15 岁以上） | 61 | 63 | 69 | 74 |
| 女性识字率（15 岁以上） | 48 | 51 | 59 | 66 |

数据来源：世界银行数据库 https：//data. worldbank. org. cn/indicator/SE. ADT. LITR. ZS？end＝2018&locations＝IN&start＝1983&view＝chart

表3-2 斯里兰卡部分人群平均识字率（单位：百分比）

| 类型 \ 年份 | 2001 年 | 2006 年 | 2011 年 | 2018 年 |
|---|---|---|---|---|
| 成人识字率（15 岁以上） | 91 | 91 | 91 | 92 |
| 女性识字率（15 岁以上） | 89 | 89 | 90 | 91 |

数据来源：世界银行数据库 https：//data. worldbank. org. cn/indicator/SE. ADT. LITR. ZS？end＝2018&locations＝IN&start＝1983&view＝chart

毫无疑问，民主政治是适应现代社会发展的一种颇为有效和先进的制度，但发展中国家在政治道路的选择上也必须结合自身情况，印度独立后落后的经济水平无法与民主政治制度相适应，一味追求西式民主制度反而给印度社会带来了诸多问题，间接阻碍了初等教育的发展，这一点从上述识字率数据的对比就可见一斑。

（二）多党制下党派、种姓、宗教相影响

印度是一个典型的宗教国家，国内宗教色彩浓重，数量繁多，最主要的教派有印度教（约占总人口的 80%），伊斯兰教（约占总人口的 12%），基督教（约占总人口的 2.3%），锡克教（约占总人口的 1.8%）以及佛教（约占总人口的 0.7%）。其中，信奉人数最多的印度教在传统教义里有着严格的种姓制度，即瓦尔纳制度，该制度下的印度人被分为婆罗门、刹帝利、吠舍、首陀罗四个等级。1947 年印度邦独立，种姓制度被取消，新成立的共和国政府不仅取消了对低种族的职业限制，还在政府机构的公职岗位和议会上特意为低种族保留了部分席位。种姓制度在官方上得以取缔，但在崇尚宗教的印度人心中，长达数千年的种姓传统并未就此完全抹去。不同种族人群长期处于社会的不同阶层，具有不同的利益需求甚至对立，在印度民主政治制度确立后，民主制度并没有为印度带来如教育资源等公共资源上的公平分配，反而是原先固有的种族出于对共同利益的追求，重新会聚在一起，此时的团体不再也不可能以原先的封建阶级形式出现，而是通过合法的方式——在不同政党间形成不同的种姓政治，以政党的合法地位来提出各自的利益诉求，政党是该群体思想观念的载体，在印度民主政治制度下，政党充当了群体思想和政治决策间的桥梁，这也导致印度多党制下的各政党在很大程度上沦为为特定群体利益服务的工具。

特定群体的利益虽然与国家利益方向总体一致，但在某些方面上，国家利益的实现必须或多或少地牺牲部分群体的利益，即使牺牲利益的群体明知国家利益高于一切，并且国家利益的实现会惠及国内本群体在内的所有民众，并最终在未来补偿，往往更多补偿自身所损失的利益。

然而基于人性固有的特点，这类国家利益的实现经常会遭到该群体的巨大阻碍，这种阻碍在社会主义国家中较为鲜见，但对于实行民主政治制度的资本主义国家来说，阻力却十分明显。大力发展基础教育，惠及普通民众本应是印度政府义不容辞的责任，但在多党执政和普选制下，任何政党想要从党派林立的印度大选中赢得选举并尽可能地延长执政时间，首要任务都必须是取得选民的信任和支持来获得选票，从而确保自身的执政地位，不同政党背后有不同的利益群体，当"高种姓政党"赢得大选成为执政党时，该党必须对自身选民负责并尽力实现选举承诺，因此在实现国家整体利益时，选民群体的利益同样需要得到保证。在公共资源分配上，同样会倾向自己的选民，即向高种姓人群倾斜。教育资源属公共资源，也因此深受影响，高等级种姓者多为中产阶级，社会地位和工作福利待遇较好，低等教育在该人群内覆盖率已非常高，执政党加大在低等教育上的投入并不符合他们的实际利益。而长期以来低种族者社会地位低下，独立初期印度社会尤其是农村对该群体的歧视仍然存在，他们普遍处于社会底层，缺少最基础的教育，是普及初等教育的最大受益者。但公共资源有限，政府财政紧缺的情况下，执政党必须优先考虑高种姓群体的利益，而高种姓群体较低种姓人群有得天独厚的优势，低等教育的缓慢发展和高等教育的迅速扩张保证了他们得以独霸教育机会，在侧面稳固阶级间的固有差距，维护本阶级的利益。

而当一直被社会边缘化的低种姓群体，他们支持的政党掌握权力时，印度社会底层民众教育（初等教育）资源稀缺的现象却仍然不会改变，这是因为在此之前包括教育在内的一系列社会不公平问题严重，"低种姓政党"的执政导致公共资源再分配的强烈反弹，在再分配的过程中，印度政治的重大分歧和种姓宗教等特性具有支配性作用。低种姓执政党的发展极大地促进了再分配诉求的政治运动展开，此类政治运动将主要关注印度社会两个最重要的分歧：种姓和宗教。这样导致执政党虽然倚重低种族群体的利益，但关注的重点集中在这两大分歧上，而教育公平、收入差距、性别歧视、城乡差异等因素被不同程度地忽略。此外印度财政捉襟见肘，这使得再分配过程更加注重那些"看得见"的结果，在低等教育上的投入收效慢，紧迫性也远不及解决种姓和宗教间的矛盾，执政党在该领域的作为往往是短期内"看不见"结果的。因此在以选票为核心的多党制的民主政治制度下，无论是代表高种姓群体或低种姓群体的印度政治家，或因维护高种姓阶级利益而只热衷于保障精英型的高等教育的发展，或是解决比教育不公问题更为突出的宗教种姓矛盾，而非提升初等教育的质量。

（三）民主议会制的共有问题——低效

印度作为世界最大的民主国家，其民主政治制度中的普选制和多党制给予印度公民有效参与政治活动的合法权利，很好地确保了对执政党权力的监督与限制。但是民主议会制下的低效却在严重阻碍印度包括基础教育在内的社会各方面的发展，由于民主议会制下的立法体系与行政体系并非独立，执政党的领导人必须具有议会的支持才能展开工作，国大党一党独大的时代过去后，很难再有执政党议会席位超过半数，而在野党常常置提案本身于不顾，仅出于"为了反对而反对"的原因否决执政党的提案，这使得执政党在议会的任何提案都需要非常长的时间才能付诸实践。除此之外，印度政府的行政效率也反映出了其低效率办公能力，在办事效率上，印度政府效率在世界银行公布的世界治理指数上最高分仅为 0.11（2.5 分制）。印度政府在 2012 年更是刷新了最低分，得到了-0.18。还有数据显示，立法院办公的时间非常少。2000 年至 2010 年期间，每年立法院成员平均在座时间介于 14 到 48 天。

　　过短的办公时间、复杂冗长的程序、缓慢低效的进度已经成为印度民主政治的顽疾，使印度的初等教育深受其害，议会制的低效大大增加了基础教育政策的落实时间。早在 1950 年印度共和国成立伊始，所制定的《印度宪法》第 45 条的国家政策指导原则中就曾明确提到"向儿童提供免费的义务教育"，此外该指导原则还进一步强调"国家应努力在本宪法生效之日起的十年内为所有不满 14 岁的儿童提供免费义务教育"。但该政策并未取得实际成效，预期目标更是相距甚远，在 1964 年，印度教育委员会报告提出要将这一目标在未来 10 年内实现。在接下来几年里，印度议会又分别在 1968 年和 1986 年通过了《国家教育政策》，后者提出了十二三学制，其中十年学制要求政府提供无差别的一般性教育，并面向全体适龄学生。所有政策都在只想尽早实现宪法第 45 条原则——使印度全体 14 岁以下的儿童接受基础教育，但从政策提出到最终落地却仍然是一个漫长的过程。1992 年印度再次提出了《行动计划》以及实现八年初等教育的目标、具体措施等，并再次将义务教育普及时间推迟至 20 世纪末，这一目标再次落空，根据联合国教科文组织的统计数据，2010 年印度 6～14 岁儿童的入学率为 85%，女童的入学率更低。普及义务教育的目标从 20 世纪 50 年代提出至今已过去了半个多世纪，至今仍未实现，民主政治制度不仅导致印度政府领导组织工作的不力和低效，更使得印度基础教育的普及变得遥遥无期。

## 四、社会主义类型社会

　　1919—1947 年是印度民族解放运动的白热化阶段，也是印度人民在民族领袖甘地和尼赫鲁共同带领下反抗英殖民者的伟大历史阶段。运动后期，英殖民者的失败已成定局，印度独立指日可待，此时的印度不仅要面临建国的问题，也要面临建设什么样的国家的问题。而近 200 年的英殖民统治对印度产生了复杂的影响，西方民主制度已经在印度各阶层心中印下了深深的烙印，加之印度传统文化的复杂性，民族多元性和宗教差异性，使得印度社会呈现出争鸣精神、容忍异端、质疑一切等特质。因此，西方民主政治制度成了唯一可行的出路。

在如此背景下，印度共和国成立前夕，印度制宪议会通过了新时代的《印度宪法》，该宪法于 1950 年 1 月 26 日正式生效，规定了印度的政体为联邦共和制，与英国相似，虽然两者并不完全匹配，仍具有典型的西方政治制度特性，是中央集权性质下的联邦制国家。从另一个角度来看，印度长期实行联邦制，也为各邦自由选择发展模式提供了灵活性，如喀拉拉邦、西孟加拉邦等地共产党长期执政，奉行"共产主义发展道路"，社会主义在印度部分地区的实践，是有助于印度整体社会主义类型社会的形成。

宪法中明确宣称印度是"主权的、社会主义的、世俗的民主共和国"，从这一界定中不难发现，印度选择了一条介于社会主义和资本主义的中间道路，是在印度总理尼赫鲁在资本主义制度的本质下发展"社会主义类型社会"的一次尝试。其社会主义思想源于青年时期在英国的求学经历，在英国剑桥的三一学院学习中，尼赫鲁涉猎了大量与政治经济有关的书籍，有三种社会思潮对他产生了终身的影响：一是在政治上主张议会道路，扩大选举权，经济上主张实行工业、铁路和土地社会化，方法上主张"渐进主义"和"改良主义"的费边社会主义；二是提倡"自由、民主、平等"的西方自由主义；三是主张混合经济的国家福利论①。在这三者对他的影响中，又以费边社会主义最为突出，在其所著的《自传》中曾如此评价："我多少受了费边派和社会主义思

① 尚劝余. 甘地、尼赫鲁与印度式社会主义道路的形成［J］. 南亚研究，2017（2）：144-155.

想的影响，很关心当时的政治运动。"① 在对社会主义深入了解后，他
又对马克思主义产生了浓厚的兴趣，对于马克思主义他如此评价："对
马克思和列宁的研究对我的思想产生了巨大影响，使我对历史和现实问
题有了新认识"②。如果说费边社会主义和马克思主义对尼赫鲁社会主
义思想的形成奠定了理论基础，而随后他在苏联目睹社会主义的实践则
更加坚定了他对社会主义的信念。1927 年尼赫鲁受邀访问苏联，苏联
国内蓬勃发展的活力和社会主义建设取得的伟大成绩使其印象深刻，这
也是尼赫鲁首次在实践中接触到社会主义。回国后，尼赫鲁越发坚信印
度未来的发展方向必须与社会主义结合起来，他的社会主义思想也在此
时达到了顶峰，1927 年国大党左翼势力青年独立派崛起，社会主义的
声音逐渐向主流发展，而在两年后的国大党拉合尔年会上，第一次担任
国大党主席的尼赫鲁就明确表达了对社会主义的认同，在主席致辞中公
开宣称自己是一名社会主义者。在尼赫鲁的坚持下，国大党内部左右翼
势力也发生了变化，1929 年全印国大党委员会在会议上认为印度人民
的贫困主要是源于外国殖民者的剥削与压迫以及为维持剥削统治所建立
的社会制度，为了从根本上改变印度民众贫穷的状态，必须对目前经济
和社会结构做出根本性变革。这是国大党历史上第一次接受必须对社会
经济结构进行革命性变革，朝着社会主义的方向前进。1934 年，国大
党左翼派别成立了印度国民大会社会党，虽然尼赫鲁为了党内团结最终
未能加入，但是他对社会主义仍十分推崇，多次参加相关会议，并参与
讨论。1936 年尼赫鲁以国大党主席的身份发表演讲，提出阶级斗争理

---

① 贾瓦哈拉尔·尼赫鲁. 印度的发现 [M]. 向哲濬，朱彬元，杨寿林译. 上海：上海
　人民出版社，2016：28.
② 贾瓦哈拉尔·尼赫鲁. 尼赫鲁自传 [M]. 张宝芳译. 北京：世界知识出版社，1956：
　79

论，主张在印度实行社会主义制度。到 40 年代后，尼赫鲁等印度民族运动领袖被捕入狱，在狱中尼赫鲁的思想发生一定的变化，虽然继续对社会主义持肯定态度，但已不如早期时那样激进，此时的尼赫鲁更倾向于在西式民主和社会主义之间进行协调，认为完全的民主或完全的社会主义都是错误的，必须将民主制度与社会主义结合起来，在维护人民自由和民主权力的基础上，对国民宏观经济做出集中的、有计划的管理，这种发展模式就是尼赫鲁后来所说的"社会主义类型社会"。在印度独立后，中印关系迎来短暂的黄金期，尼赫鲁于 1954 年对新中国进行了访问，社会主义在中国的繁荣景象让尼赫鲁倍感惊讶。回国后尼赫鲁正式提出了"社会主义类型社会"的主张，该决议于 1955 年 1 月国大党第六十届年会（阿瓦地年会）上表决通过，至此印度正式确定了社会主义的目标，并朝向社会主义类型社会的方向前进。从日后印度社会主义实践活动看，社会主义类型社会主要体现在三个方面：第一，实行计划经济，建立公营企业；第二，在农村建立各种类型的合作社；第三，倡导社会公正、社会均等和消灭贫困①。

虽然尼赫鲁将其主张称为"社会主义类型社会"，但其中的社会主义与传统的科学社会主义并不一致，其实质是把资本主义与社会主义相结合，走的是一条中间道路，也称第三条道路。尼赫鲁也曾在公共场合多次表示：印度的最终目的是建立起社会主义经济。他仅仅是在广义上而非学术上使用社会主义一词。对于尼赫鲁提出的社会主义类型社会，印度的第二个五年计划对此做出了进一步解释："社会主义类型社会的根本意思就是，决定发展路线的基本标准必须不是为私人利益考虑，而是要有利于社会；发展模式和社会经济结构关系的设计不仅是为了国民

---

① 陈峰君. 论印度模式及其转型［J］. 南亚研究，2000（1）：43-51.

收入和就业最终得到显著增长，而且要使收入和财富的占有更加公平。"① 尼赫鲁将"社会主义类型社会"视为国家建设的目标，将经济增长、公平分配和自力更生三者给予同等的重要性，并将这一系列理念在随后付诸实践，后来的事实表明，这一思想部分是正确的，符合印度实际发展的切实需要。但部分也是存在缺陷，甚至是完全错误的，对印度经济和社会发展造成了许多负面影响，其中就包括印度的教育，甚至可以说尼赫鲁所提出的"社会主义类型社会"对印度教育结构的畸形发展起到了推波助澜的作用。

首先，独立前的印度教育是处于英国殖民者全权控制之下，是一种奴化教育，可归结于政治管理的结果。独立后的印度教育实现了从管理到治理的转变，具体表现为主体参与和权力配置的不断调整与变革②，教育管理的性质发生了根本性变化。在建设"社会主义类型社会"思想的指导下，平等成为独立后印度领导阶层讨论的重要话题，对于印度"社会主义类型社会"中关于平等的界定，可以做如下归纳："把印度建设成为一个主权的、社会主义的、非宗教的、民主的共和国，从社会、经济和政治诸方面保护共和国所有公民得到公平和正义。"③ 在权力平等、分配平等众多相关议题中，实现教育平等的重要性和实践性方面都具有一定优势。为了在教育方面实行平等，印度政府在 1950 年的宪法中，首次通过法律的形式规定了必须实现教育平等。针对教育平等，印度政府认为，不能将教育视为一个单独的课题，因为教育本身就

---

①　尚劝余. 甘地、尼赫鲁与印度式社会主义道路的形成 [J]. 南亚研究，2017（2）：144-155.

②　王建梁，赵鹤. 从"管理"到"治理"：印度独立以来教育治理的演变、特色及问题 [J]. 华中师范大学学报（人文社会科学版），2019，58（4）：161-169.

③　马加力，当今印度教育概览 [M].郑州：河南教育出版社，1994：126.

包含政治、经济和社会等方方面面。所有确保印度公民享有平等受教育的权力具有重要意义。因此印度宪法进一步规定"宗教、种族、种姓、语言或其中任何一个因素，都不能成为取消公民进入任何国立教育机构的权利或从国家基金中获取资助的权利的理由"①。

虽然印度对教育平等问题十分重视，但是印度的教育结构并没有实现均衡发展，重要原因就在于印度教育机会的均等并不是通过普及初等教育来实现，相反政府将更多精力投入高等教育的普及之中，更多地把教育机会均等视为公民具有均等机会接受高等教育，即入学高等院校机会的均等。这直接导致印度高等教育的迅速扩充，为了满足高校入学机会均等这一要求，除部分重点院校仍然通过严格的入学考试选拔新生，许多高校采取了"开放招生"政策，学生只要参加并通过当地邦内中等教育委员会或者由高校自行组织的中学毕业考试方可接受高等教育。除此以外，由于阶层差异过大，部分下层民众无法与社会上层进行竞争，印度政府还为此提出了保留名额，即所有公立院校在每年招生的总人数中必须留出超过20%的保留名额，用于照顾那些落后种姓、少数族群和残疾人，专门为这类人群提供直升大学的渠道。印度对社会主义的推崇中，忽视了基础教育，仅局限在对高等教育机会均等的追求上，阻碍了初等教育的进步。

此外，社会主义重视国有经济、集体经济等公有制经济的发展，印度的"社会主义类型社会"同样强调公营经济在国民经济的主体地位，忽视和歧视私营成分经济，在实践中并不利于印度经济的发展。1951年至1966年，尼赫鲁政府实施三个"五年计划"期间，政府计划总预算支出分别为387亿卢比、790亿卢比和1160亿卢比，其中公营部分各

---

① SHARMA Y K. History and Problems of Education [M]. New Delhi：Kanishka Publishers Distributors，2001：29.

自为 207 亿卢比、480 亿卢比和 750 亿卢比，私营部分则为 180 亿卢比、310 亿卢比和 410 亿卢比。公营经济的支出比重在不断上升，但并没有到达预期的引领作用，国民生产总值年均增长率从 3.6% 增长至 4.27%，却又迅速下降到 2.8%。国有企业过大过重，私人企业受限过多，减弱了印度经济发展的活力，政府不得不削减对教育的投入。而到 1981 年年底，教育经费在 GDP 的占比仍然为 2.96%，不到印度政府预期目标 6% 的一半，而初等教育经费仅占当年教育总经费的 45.5%，发展程度远远低于实际需要。教育事业发展面临的窘迫状况一直持续到 1986 年新教育政策提出，社会主义类型发展模式的弊端越来越明显，以拉·甘地为首的新政府寻求新的发展路径，开始放宽对私营经济的限制，并开始重视基础教育。1985 年至 1986 年，教育经费的投入终于超过了 GDP 的 3%，而基础教育发展也有所加快，支出经费达到了总经费的 46.2%，与 5 年前相比，增长了近一个百分点。

社会主义类型除了使印度在经济成分上过分倚重公营经济，在产业结构上，也形成了只关注工业进程，不顾及其他产业发展的怪象，更是给印度教育带来了严重的伤害。印度工业在独立后获得了空前的关注，只经过短短十余年的时间后，1966 年"三五计划"结束后，印度建立完整工业体系的设想就基本实现，纠正了独立时期畸形的工业体系，对原材料进口依赖大大减小，80% 的工业产品都能够实现自给自足。农业却发展异常缓慢，有时出现负增长，粮食缺口呈现出扩大化，从 1956 年进口 1200 万吨增长到 1966 年的 2500 万吨。农业问题导致的粮食危机，使得物价水平年年攀高，人民的收入虽然也在增长，但低于物价上涨的速度。人均收入大部分都用于购买粮食等基本生活用品，用于其他生活开支的部分只能占很小一部分，因此出生在这些家庭的儿童很难保证接受基础教育。即使家庭有能力支付一个孩子的教育花费，但毫无节制的人口增长，一个普通家庭往往有 3 到 4 个孩子，导致每个适龄孩童接受教育的可能性几乎为零。落后的农业增加了印度家庭的生活负担，使他们无暇也无力负担基础教育，对他们来说教育更像是一种消费①。

　　"社会主义类型"下的印度政府所制定的任何一项促进经济发展的政策方针，都必须把公平分配纳入考虑之中。这一思想本应对防止贫富差距过大和阶级固化产生积极作用，但只强调社会公平，忽视经济客观发展，却使结果与预期恰好相反。1956 年印度失业人口为 550 万，全印有超过一半以下的人口生活在贫困线以下。1961 年失业人数上升到了 710 万，贫富差距没有减小，反而越来越大。到了 1966 年失业人口再创新高，达到了 960 万，而此时印度社会矛盾已经相当严重。在这样的社会背景下，教育的均衡发展成为一句空话，失业人数和贫困人口的增多必然不利于初等教育的发展，在解决这些群体基本生活需求之前，初等教育对他们而言更像是一种奢侈品。而贫富差距的扩大使得初等教育和高等教育发展的差异性越来越大，富人阶级对高等教育的需求随着时间而增长，中产阶级或以下的普通民众作为普及初等教育的最大受益者，其数量却在日益减小，更多沦为贫困人口而失去了接受教育的机会。

　　"社会主义类型社会"给印度带来的最根本的问题是阻碍了印度经济的发展，过于僵化的政策使得国民经济长时间都处在慢车道，除高等教育受到政府的额外扶持得到发展外，中等教育和初等教育都未能出现大的进展，同时普通民众的生活质量和可支配收入也没有显著增长，而物价水平和生活成本的上升，减低了普通家庭投入基础教育中的成本。从另一个角度来看，印度所推行的"社会主义类型社会"并不是真正

---

①　沈有禄. 印度基础教育投资存在的挑战与对策 [J]. 外国中小学教育，2007（10）：
　　1-7.

意义上的科学社会主义，它只是强调基础工业和关键工业的国有化，主张改善底层人民生活，实现分配上的公平。但从根本上讲它仍然是资本主义，只是经过了一定程度的改良，其实质是资产阶级中的小资产阶级提出的社会主义主张。在印度农村土地改革的问题上，当触及资产阶级核心利益的时候，它显示出了软弱性和妥协性，这是其固有的阶级属性所决定的。事实也表明，土地改革进程遇到了前所未有的阻力，废除柴明达尔制度，改革租佃制度，实行土地持有最高限额和农村互助运动都遭遇了不同程度的失败。同样，在涉及发展初等教育，维护穷人接受教育的权利，这样一个具有明显公益性和义务性的过程时，仅依靠"建设社会主义类型社会"这一美好的设想去实现，既是不具备条件的，也是不现实的。

### 五、科教兴国战略

18 世纪中叶后，印度沦为英国殖民地，英国殖民者带来的西式文化对印度传统文化造成了巨大的冲击，古印度宗教教育的地位受到了基督教文明的挑战。在长达近 200 年的统治中，英国的文化输出在印度社会产生了两种效应：一方面是英语成了印度的官方语言之一，英语教育的模式得到了确立和推广，大量的西式高等院校被设立，严重压制了印度传统文化，印度社会的西化趋势明显；另一方面，西方先进文化的输入以及办学模式和院校的建设，在印度培养了近代一大批受过西方优秀高等教育的印度知识分子，他们很好地掌握了国际交流的通用语言，并且学习了当时最新的科学文化知识。这批印度本土知识分子，逐渐形成了一个具有世界影响的新型知识阶层，在此后振兴印度民族文化、领导民族独立运动和推进国家现代化等方面发挥了重要作用，为日后印度科教兴国战略的实施奠定了坚实的基础。

科教兴国是世界发达国家和当今发展中国家走向现代化道路的根本方略和必经之路①。而印度的科教兴国战略思想最早源于印度开国元勋尼赫鲁，尼赫鲁家庭条件优越，青年时就远赴英国接受西方教育，1907年进入剑桥大学，并于3年后取得自然科学学位。他知识渊博，多年的留英经验使其明晓科技的重要性，印度作为一个人口基数大、贫穷积弱的国家，要走上快速发展的道路，必须有科技作为支持。1947年印度独立后，历代政府均十分重视科学技术对国家经济社会发展的引领作用，采取了一系列举措，推动和加快科教事业的发展，始终把促进科技产业进步以带动其他领域，最终实现整体发展作为印度经济发展模式的核心思想。印度知识分子在科教兴国中起到了重要作用，他们肩负起了领导和管理国家的职责与使命，这些接受过英殖民时期西式教育的知识阶层，多参与过爱国反英的民族解放运动，政治斗争经验丰富，同时他们深受甘地主义的影响，政治立场坚定。最为重要的是，他们以较高的文化水平和知识，在科教兴国战略中发挥着骨干作用。

为了进一步树立科教立国的理念，20世纪50年代末，印度国会通过并颁布了一项由科学家巴巴起草的印度"科学政策决议"，该决议主要目的为振兴印度科技，是指导印度科学发展的纲领性文件。决议要求政府从政策扶持、资金援助和舆论引导三个方面努力促进科学理论研究，科学实际运用和国家教育事业的发展②。并提出了科学发展的六个目标，其中就包括以国家建设需求为依据，大力培养科技人员和保证在国内培养一批高质量高水平的科学家，将其科学工作视为国家力量的重要组成部分。决议确立了印度科研发展的目标，最终成为印度长期指导科技发展的大政方针与国策，颁布促进科技发展的各种立法，为印度科

---

① 王俊周. 印度现代化发展对中国的启示 [J]. 特区经济，2008 (5)：99-101.
② 黄心川. 南亚大辞典 [M]. 成都：四川人民出版社，1998：19.

技发展奠定了法律基础①。除此之外，印度政府还陆续建立了印度科学与工业研究委员会，原子能委员会等科技发展的职能部门，同时引进和学习外国先进技术，提高印度科学技术水平，推动印度国内科研水平的提高。不仅如此，印度政府还把科技发展纳入了社会经济发展规划中，在历届政府制定的"五年计划"中都有关于科教兴国战略的论述，从1951年第一个"五年计划"的制定到2017年第十二个"五年计划"的完成，印度以中长期科技政策为宏观层面政策工具，划定了科技发展的整体方向和前进道路，呈现出"中长期科技政策+五年科技计划+年度科技计划"的完整科技计划发展体系，三种不同层面的科技发展计划分别从立法角度和政策连续性，整体资源配置和重点发展领域，政策实施和财政预算等不同角度确保科技在国家社会经济发展中的地位和作用②。

在科教兴国战略思想的影响下，印度特别重视高等教育人才培养，在独立初期就明确了高等教育目标并设立大学拨款制度，高等教育迎来了独立后一波飞速发展的浪潮。无论是在高等教育相关经费的投入上或是新成立高等院校的审批上等各方面都得到联邦政府和地方政府的特殊照顾和支持。此后，高等教育随着科教兴国战略的实施开始了跨越式的发展，印度独立之初全国上下能颁发理工专业毕业证书的学校不超过50所，在校总人数仅为3400人。到了1951年，印度政府在联合国教科文组织的帮助下，模仿美国麻省理工学院的办学模式，投入大量的物力和财力，在卡拉格普尔建立了国内第一所印度理工学院，在1958—1961短短几年时间内又陆续在孟买、坎普尔、马德拉斯、德里等城市

---

① 陈峰君. 论印度模式及其转型［J］. 南亚研究，2000（1）：43-51.
② 王健美，封颖. 从"一五"到"十二五"印度科技创新规划体系研究［J］. 科技管理研究，2018，38（20）：30-39.

分别创立了 5 所纯理工的一流大学。印度政府不仅关注理工类高等院校数量的增长，在改善教学质量上也付出了努力：印度国会在 1956 年和 1961 年通过了"印度理工学院法案"，1961 年的法案明确规定将当时 4 所印度理工学院列为国家重点大学，在学术研究、招生方案上给予它们更多的自主权。从这些学院毕业的学生具有良好的理论基础和实践能力，逐渐成了印度发展科学技术的核心力量。

在此后的 60 年代里，印度高等教育获得了进一步的发展，为响应政府科教兴国战略号召，同时满足工业化发展的实际需求，在结合"全印技术教育委员会"对印度技术教育情况的调查报告后，印度政府加大了对高等院校中工程类院校的建设力度。仅在 1956 年至 1966 年"二五"和"三五"两个五年计划期间，印度政府就先后建立了包括国家工业工程培训学院、国家铸造技术学院、印度信息技术与管理学院和印度信息技术学院在内的一系列具有专业性的高等院校，在此基础上，中央政府和邦政府还联合建立起数十所区域工程学院，各学院的招生人数逐年上升。1960 年至 1970 年印度高等学校总量翻了一番，高等教育学生人数增长速度在 1955 年至 1970 年达到了最高峰，年平均增长率高达 13.4%，不仅在发展中国家首屈一指，也远远超过了西方资本主义国家①（排名靠前的有瑞典 8.5%、日本 5.5%、美国 4.7%）。随着科学技术日新月异的发展，进入 20 世纪 70 年代后，高科技的发展产生了托夫勒的"后工业经济"，即所谓的信息经济或称知识经济，其重要性在世界范围内日益凸显，并开始逐渐引领世界经济潮流，印度再次抓住这一发展趋势，提升国家综合实力。1971 年印度政府增设科学技术部，其下分别设有科学与技术司（DST）、科学与工业研究司（DSIR）、生物

① 赵中建. 战后印度教育研究 [M]. 南昌：江西教育出版社，1992

技术司（DBT）和海洋开发司（DDO）。独立后的印度从科学带来的科技成果中受益颇多，高度认识到科技将是世界未来发展的引擎，而高等教育正是该引擎的主要动力来源。

科教立国的战略思想在80年代进一步深入发展。1980年印度政府提出了制订并实施了第六个"五年计划"，除了一如既往地强调科学技术的重要性外，首次强调了高等院校与科学技术产业之间的联结关系，要求中央政府、邦政府以及各部门进一步加强对高等教育的投入，提出了高校发展与科教发展之间相互促进的关系，认为印度政府必须在未来10至15年之内确定高等院校在国家科技发展中的重要地位，进一步引导和鼓励国家高等教育发展，重视基础研究，实现科技与产业自力更生式发展。1984年，拉·甘地开始执政，拉·甘地的教育背景与尼赫鲁相似，但思想更为开明，他拥有西方的教育经历和技术背景，尤其重视科学技术的重要地位。拉·甘地认为，印度经济社会虽然在过去30年间取得了一定成绩，但国家产业结构不合理，发展的整体水平有很大的提升空间。为此，印度政府积极改革，实施了经济自由化、税收优惠和关税特许等一系列优惠政策，吸引先进外资来印投资，同时强调必须以科学技术的普遍提高为基础，大力发展处于顶尖科研前线的高科技技术，特别是计算机技术，主张以跳跃式的方式发展印度经济，不应一味寻求全面发展，而是将关注点主要集中在未来具有发展潜力的项目上。在实现这一目标的过程中，国家必须以高科技技术为依托，努力实现特点产业的超高速发展，使该产业处于发展的优先地位和技术"高地"，利用其领先效应，从而形成"以点带面"，以及达到对全局的经济增长和整体技术升级的效果，这些举措为印度高等院校的发展提供了重大机遇与激励。1983年，印度政府颁布了"技术声明政策"，这是自1958年尼赫鲁政府首次提出"科学政策决议"后印度第二套中长期科技发展政策。该政策在时代主题，科技发展主题与实质，重大科技部署方向以及政府重点资助的学科领域等科教立国战略相关课题上提出了新的要求，声明强调当今印度所处的国际背景已经发生了巨大的变化，印度目前处于一个高新技术兴起的时代，科技发展必须立足于促进技术转让，强化模仿学习，努力向发展高科技技术外包服务的方向前进。此时的印度政府不仅重视科学发展，更加注重技术的发展。

基于以上因素，为进一步强化科学技术的主导作用，印度政府决定将科学技术部部长一职由总理直接兼任，由国务部长主持工作，拉开了国家领导人直接领导全国科技发展的新篇章。拉·甘地器重电子产业，将其视为跳板。为了促进电子产业的发展，培养高科技人才，中央政府再次加大对高等教育的投入，高等教育尤其是计算机相关专业的发展再度迎来新的更高的浪潮。1984年，印度高中开设计算机课程，主要目的是为高等教育提供后备人才，高等院校的数量和规模也在迅速扩大，纷纷增设信息专业类的学院，在教学手段和培养细则上更是向西方发达国家看齐。到2004年，印度高等院校中仅工程类本科毕业人数已经达到了35万，同期的美国为7万、英国为2.5万。除了相对落后的西部地区在1996年至2006年间增长率没有超过6%，其他地区在10年间高校增长数量均维持在15%上下，所以相关高校的毕业人数随着时间的推移还在上升，如此庞大的高校毕业生群体和逐年增加的高校数量都是印度科教立国战略下的产物。

在如此迅速的增长速度下，政府财政压力重重，尤其是地方邦政府。财政紧缩限制了初等教育，却并未影响到高等教育，事实上，在20世纪70年代后，中央政府对邦的补助已经不及高等教育财政总收入的5%，近80%的资金来源于邦政府，虽然资助比例有所减小，但联邦政府财政预算总金额，教育经费投入却在迅速增加，高校的科研经费也丝毫未减。在整个 80 年代期间，印度科技人力有超过 30% 是来自高等院校，在基础项目的研究上，约九成以上均由高校承担。高等院校的科研经费占全国经费比重也从 1984 年的 0.1% 上涨至 1988 年的 1%。1987年至 1988 年度教育总经费与上年度 35.2 亿卢比相比增长至 80 亿卢比，一年间的增长幅度就高达 227%，并在随后几年一直维持在该水平。与此同时，地方政府为了缓解财政压力，也开始逐渐向私立高等学校放宽办学限制，这使得私立高等院校数量激增，再一次带动了印度高等教育整体的发展。在当时，印度高等教育院校总数已经接近 6000，理工科的年毕业学生有 20 余万，而相关科研机构数量达到了 2000，拥有总数300 余万科研队伍，其中更有 6 名学者获得诺贝尔奖，印度的高等教育在科教立国战略下焕发着强大的生机与活力。到 2008 年，印度已建成259 所大学，中央直属大学达到了 16 所，农业大学有 27 所，医科大学10 所，学院数量超过了 11000 所，大学在校生大 741.8 万，大学的入学率为 6.15%，教育产业规模占国内生产总值的 4.7%①。

印度独立初期之时，国家整体的科技水平十分落后，随着科教兴国战略的提出和实施，经过历届政府 70 余年不懈的努力，印度的科学技术已经有了质的进步，不仅基本实现了科学技术的自力更生，在信息技术产业上更是取得了历史性的成就。据统计，在美国硅谷近 2000 余家科技型企业中，有超过四成的企业里领导层中可以看见印度人的身影。海外印度裔人口超过了 2000 万，其中 3000 余人属于各科技领域的顶尖人才，大多数分布在欧美国家，主要集中在美国②。近年来，印度政府在税收、股权、金融、待遇、创业辅导、子女教育等方面制定了一整套

① 王俊周. 印度现代化发展对中国的启示 [J]. 特区经济，2008（5）：99-101.
② 秦宣. 党的第三代中央领导集体与中国现代化 [A]. 中共中央文献研究室科研管理部. 新中国 60 年研究文集（1）[C]. 中共中央文献研究室科研管理部，2009：13.

优惠政策，吸引了大批印度海外科技人才回国，不少回国人才已成为包括软件产业在内的高科技产业发展的重要的中坚力量。印度紧跟世界新技术革命的步伐，以信息化来带动工业化，提高经济的发展水平，充分发挥了科学技术的关键作用，在空间技术、核能利用、生物技术、海洋资源开发、材料学等科技领域取得了一系列成就，具有较强的国际竞争力。而高等教育早已成为印度科技研究中的一支重要力量，提供了宝贵的人才资源和科学研究成果，在科教兴国战略浪潮中发展的同时，也为印度高技术产业的进步起到了十分关键的作用。

　　与蓬勃发展的高等教育形成鲜明对比的是进展缓慢的基础教育，由于科教立国战略所提出的扶持政策多与先进科技有关，主要涉及信息技术、电子技术等高科技领域，因此基础教育并未获得太多的发展机会。无论是从政策支持和投资倚重上来看，高等教育与低等教育之间的差距都在不断拉大，印度教育结构"头重脚轻"的问题随着科教立国战略的实施不断加重。针对上述教育结构存在的问题，印度政府长期以来也无力改变，在教育资金有限的情况下，教育增长必须投入急需之处——高等教育。80年代末期，印度政府在坚持科教立国战略的同时，也逐步认识到科技发展必须有稳固教育的底部基础，才能维持高等教育的长期发展，为此印度政府制定了一系列政策，其中包括1986年新的《全国教育政策》，规定实行全国统一学制，并在各县增设一个重点中学，向基层民众提供优质的教育资源，以提升全国基础教育的整体质量。但因政策本身包括许多缺陷，甚至是重大缺陷，而且实施的过程中对基础教育，尤其是小学教育并没有做出实质上的改变，缺乏有效的具体措施，政策中的许多举措也并没有真正落实。科教立国战略下的印度教育仍然是在畸形地前进，教育结构的均衡化发展依旧困难重重且任重道远。

## 六、初等教育放任状态

独立后的印度十分重视教育事业的发展，20世纪50年代早期，在甘地发展战略思想的影响下，印度政府对初等教育、中等教育与高等教育提出了发展要求，被列入"一五计划"的规划之中，制订了较为详细的发展计划，并赋予三者同等的重要性。但在"二五计划"后直至20世纪70年代中期，印度政府对初等教育的重视程度日益减弱，中央政府对初等教育的管理和发展长期处于放任状态，这一点仅从印度政府对初等教育以及高等教育的经费支出政策的差异中就能够体现。

根据联合国教科文组织统计数据显示，1951年至1956年印度第一个"五年计划"期间，印度政府在高等教育上的支出为1.5亿卢比，在小学和初等中学等初等教育上的总支出为8.5亿卢比，初等教育占教育经费总支出的56%；"二五计划"期间，教育经费有了一定幅度增长，其中高等教育支出上升至6.7卢比，初等教育支出上升至9.5亿卢比，虽然印度政府在两者的财政投入上都有了提高，但初等教育的增长速度明显低于高等教育，此时的初等教育支出占比也下降至35%；"三五计划"期间，初等教育中的小学发展速度明显加快，初等教育发展迎来了短暂的春天。1961年至1966年5年内，高等教育发展有所放缓，总支出为7.5亿卢比，初等教育的总支出则达到了20.1亿卢比，占教育经费总支出的34%，环比基本保持不变；到1969年至1974年第四个"五年计划"，印度政府对初等教育的重视程度下降，初等教育再一次陷入了自由放任的状态，这5年间高等教育总支出则猛增至18.2亿卢比，增长率为142%。初等教育发展异常缓慢，与同期相比仅增长了

18%，总支出为 23.9 亿卢比，在总支出的占比下降到 30%①。而从 50 年代初到 70 年代初，印度高等教育占总教育支出的比重从 1/4 上升到了 1/3，同期初等教育经费的比重却逐年减小。

　　印度政府中央财政对印度基础教育的投入严重不足，初等教育的经费来源得不到保证，需要依靠邦政府（直辖市政府），地方团体和私人捐赠才得以维持，这对初等教育的发展带来了很大损害，印度政府对初等教育的放任态度不仅体现在经费投入的短缺，也同样体现在中小学教育管理上长期采取放任政策。印度中央政府在初等教育的普及上并没有制定详细的实施方案，只是提出了大致发展蓝图和规划，初等教育实际相关工作的推进主要依靠包括中央直辖区、邦政府、首都地区等一级行政区自行开展。但印度各邦情况各异，邦与邦之间差异显著，导致不同邦初等教育发展程度完全不同，部分发达和较为先进地区普及义务教育发展得十分迅速，而贫困地区的初等教育则发展得十分缓慢。除了各邦之间的经济条件存在差异，由于印度的多民族性，各邦甚至一邦内部的文化背景、宗教习俗也不尽相同，因此各邦不同学区对初等教育的管理方式各异，全国范围内缺乏统一的标准，以小学为例：邦政府设立的小学主要有两种模式，私立小学和公立小学。受政府资助的私立小学，一般是校长和董事会负责管理学校内部管理，但必须落实中央政府和邦政府相关文件精神。而未受政府资助的私立小学，则全权由校方内部自行管理，邦政府对学校"不管不顾"，甚至包括教育局官员对此类小学的学术指导也不负责。情况更糟糕的是公立小学，由于公立小学内部疏于管理，几乎处于自由放任的状态。此外，公立学校经费紧张，老师数量非常有限，在偏远落后地区，许多学校全校总共只有 2 至 3 名老师，这

---

① 安双宏，印度高等教育的经费紧缺及其对策 [J]. 外国教育研究，2001，28（3）：47-51

种小学的教师必须负责全校的教学任务，如安得拉邦的小学，近半数的教师需要教所有年级。过高的师生比，不利于初等教育教学质量的改善，承担基础教育教学任务的老师数量难以满足每年新增的入学儿童的需求，平均每个老师需负责的学生数从60年代的36人增长到21世纪初的48人。此外，初等教育还存在教师素质良莠不齐，缺课旷课的情况时有发生。总的来说，印度文盲人数众多，但基础教育占教育总投入的比重并不高，并且80年代前占比一直下降。而印度大多数初等教育的适龄学生家庭条件并不富裕，政府在初等教育上的投入迟迟得不到提高，使他们接受基础教育需要付出"高额"的成本：包括学费、课本费、文具费等直接费用，以及因上学导致家庭劳动力减少。

面对基础教育普及过程中遇到的困难，并没有改变中央政府对初等教育的消极态度，反而只是将教育普及的时间表一拖再拖。早在1950年《印度宪法》中的45条就明确提道"国家应该努力在本宪法实施后的10年内，为所有14岁及以下儿童提供免费义务教育"。普及8年的初等教育并没有如期实现，印度政府便开始了"年复一年"的推迟，普及初等教育也从开始时信誓旦旦的承诺变为泡影。这也直接导致了印度初等教育辍学率比例居高不下，根据印度人力资源开发部发布的2008—2009年度报告显示，在2006—2007年，印度全境仅有8个一级行政区，其下6至8年级的高级小学阶段辍学率实现了0%，而辍学率高于50%的一级行政区，总数竟达到了11个，这一数量是前者的近2倍。在这里面，辍学率超过70%的有阿萨姆邦和比哈尔邦。同样不容乐观的还有中等教育，据当年统计数据表明，在2006—2007年，印度9至12年级的中等教育平均毛入学率仅为40.6%，在统计的35个一级行政区中，毛入学率低于半数的邦占总数的65%，而毛入学率在六成以上的邦仅占总数17%。在众多邦内，在中等教育毛入学率上，贾坎德邦和比哈尔邦的排名垫底，前者的毛入学率低至 12.8%，后者的毛入学率也仅有 14.9%。贾坎德邦原属比哈尔邦，2000 年 11 月 15 日从中分离出来，贾坎德邦和比哈尔邦均是印度的人口大邦，两个邦人口总数超过了 1.2 亿，这两邦薄弱的基础教育状况严重拉低了印度的平均水平。从印度人力资源部最新的报告来看，印度 35 个邦中 1 至 10 年级的普通教育平均辍学率是 73.6%，其中半数以下的一级行政区总数为 16 个，辍学率超六成的一级行政区多达 15 个，在众多邦中，比哈尔邦的排名仍然垫底，辍学率达到 85%，而 1975 年被印度强行吞并的锡金辍学率也高得惊人，同样达到了 85%。从以上论述不难发现，印度各邦的基础教育发展水平极不平衡，在人口数量超亿的大邦和地区中，邦内初等教育的辍学率仍然维持在七至八成，部分严重地区甚至已经超过了八成，在随后很长一段时间内，印度政府对这种状况都是束手无策和无能为力的。

这一状况直到 90 年代后才稍微有所改观，拉·甘地执政后，以他为首的中央政府逐渐改变对初等教育的放任态度，在基础教育经费投入上做出努力，在 1986 年颁布的《国家教育政策》中，中央政府再次规定了对教育领域的投资总量要逐步提高至国民生产总值的 6%，90 年代初就这一目标提出进一步要求，将实现期限定在第八个"五年计划"以后。此后，公共教育的经费逐渐增加，在国内生产总值的占比提高 3% 到 4% 之间，21 世纪初期一度超过了 4%，虽然随后又迅速降低，但与前期整体教育发展的总投入仅占国内生产总值的 2% 相比，已经有了很大的进步。

纵观 20 世纪 50 年代初到 80 年代初，基础教育自始至终都没有得到中央政府及地方政府足够的重视，印度中央政府数十年间以自由放任的态度来管理和建设基础教育，使得初等教育的发展受到了很大的负面影响。许多发展初等教育的目标长期停留在口号上，并没有落地。印度独立后的历届领导人对于在印度建立一个公平公正和财富平均分配的社会都怀有美好憧憬。但政党间的斗争和复杂的种族宗教问题，都导致初等教育普及的工作并没有切实开展，绝大多数初等教育发展目标都难以实现。最为突出的例子就是印度初等教育阶段的学制多年以后依然没有实现真正的统一：早在1968年，新成立的印度教育委员会对学制建设提出建议，认为全国的教育结构最好是基本统一的，最终目标是采用"10+2+3模式"。这里的"10+2+3模式"包含10、2、3这三个关键时间段，分别代表了不同阶段的教育年限，其中10代表了10年的普通教育，具体由8年初等教育和2年的初中教育构成，在8年初等教育的过程中，教育委员会又对其做出了进一步细分，分为5年的初级小学和3年的高级小学。另一个数字2则代表为期2年的高级中等教育，这一阶段开始实行中等教育职业化，主要还是升学预备教育。3为高等教育，具体是指高等教育第一级学位阶段，即我国所熟知的大学本科教育。因此，针对10年年限的印度基础教育的学制安排可以划分为"5+3+2模式"，即"初小、高小、高中"，根据该委员会所制定的标准，按理来说印度的"10+2+3"学制标准在原则上应该已经确立了下来。但是实际情况却并不如人意，中央政府和邦政府在基础教育学制管理和实施上十分混乱。以2007年为例，在印度邦、邦联属地和国家首都辖区等34个一级行政区中，所有基础教育10年制的普通学校中，竟有4种不同的学制模式：分别是"5+3+2模式""4+3+3模式""5+2+3模式"以及"4+4+2模式"。在这中间，有18个一级行政区实行"5+3+2模式"，有12个一级行政区是"4+3+3模式"，有3个一级行政区实行"5+2+3模式"，有1个一级行政区实行"4+4+2模式"。对于2年年限的高级中等教育，部分一级行政区将其设为中等教育阶段，设立相应的单独院校，另一部分一级行政区则将其视为大学预科，作为培养高等教育人才的储备院校，附设于高等院校之下，其余的一级行政区则两者兼有，这种复杂的局面对印度全国教育的统一协调和发展造成了不利的影响。①

　　事实上，印度政府对初等教育管理的放任态度根本因素还是不够重视，这很大程度上可以归咎于印度的精英教育理念。从国家角度上看，独立初期的印度经济发展水平低下，难以实现教育公平发展。面对种姓、宗教、女性地位和人口过快增长等问题，初等教育实际发展重重困难，加之各级各类教育经费紧缺，初等教育自然不会受到政府的关注，因此印度政府对于普及基础教育不管不顾，与独立初期实现教育公平战略思想背道而驰。印度政府在短时间内实现国家真正意义上的独立，满足自给自足的迫切愿望，只能通过高等教育培养出国家建设急需的人才方可实现。从公民角度上来看，政府需要培养具有高素质高能力公民，以加速国内政治经济建设，一来可解决国民的就业问题，二来能改善民众生活质量。精英教育理念在印度得到了很好的贯彻，印度独立后在短时间内迅速成为高等教育事业发展的领军者。这一教育理念在推动印度经济政治发展的同时，也拉开了不同阶级之间的贫富差距，加深了社会矛盾。同时，随着社会的进步，越来越多的公民渴望得到接受高等教育的机会，但在基础教育都难以保证的情况下，高等教育又从何谈起呢？精英教育理念核心是发展高等教育，初等教育自然被搁置一旁，接受高等教育的学生大多是高种姓和家庭经济条件富裕，低种姓以及贫穷学生数量极少。印度高等教育的进步给社会带来了实实在在的利益，但从根本上来看初等教育具有极高的淘汰率，只有富有的家庭才有机会享受高等教育带来的福利，普通民众很难直接受益。在印度对高等教育长期过

---

　　① 安双宏．印度基础教育发展热点问题评析［J］．教育发展研究，2010，30（4）：72-75.

度投入和对初等教育的放任管理下，印度的基础教育发展严重滞后，忽视初等教育的发展制约了印度教育乃至整个社会的协调发展。

时至今日，80%就读于高等院校的学生都出生在高收入家庭。贫困人群并没有接受高等教育从而改变命运的机会。香港大学刘丽薇（Nirmala Rao）教授就曾指出："印度政府对基础教育的重视始于 20 世纪 80 年代的《国家教育政策》，从那时才开始强调把发展基础教育摆在优先的位置，而在之前的近 40 年的时间里，印度政府一直对初等教育采取放任的态度，只是一味地强调优先发展高等教育。"① 这正因为精英教育理念使得印度独立后初等教育被忽略和放任，底层人民的基础教育状况没有得到明显的改善，难以触及高等教育，贫富分化的僵局没有被打破。精英教育理念在制定之时就带有不平等的因素，它过分强调高等教育的重要性，对初等教育不管不顾，不仅损害了印度教育的良性发展，对整个印度社会也带来了负面的影响，而这一理念一直持续到 1986 年拉·甘地政府出台《国家教育政策》后才做出了调整。

### 七、中央统筹安排难以在各地落到实处

印度独立后向西方政治制度看齐，政治体制为民主制和联邦制，政区共有 29 个邦、6 个联邦属地和 1 个国家首都辖区。实行联邦制度，是印度各派势力相互妥协的结果，由于印度民族众多、教派各异等复杂历史原因，虽然联邦政府代表中央的权力，但中央政府对地方实际的掌控力很低。印度各派有着极强的地方意识，作为与中央集权制相对的政治制度，联邦制实际上是一种地方分权制，更符合印度实际国情。各邦只是将部分权力让渡于中央，但两者之间并不存在上下隶属关系，邦政

---

① 沈有禄，谯欣怡. 印度基础教育投资政策存在的问题及均衡策略［J］. 比较教育研究，2012：34（2）.

府有着较大的自主权，除军事、财政、外交由中央政府掌握外，其他权力都归邦政府所有。这就导致中央政府的统一部署常常在地方遇到阻力，印度各邦有着不同民族和语言，宗教文化也各不相同，所形成的政党繁杂，地方影响力很大。某一政党在人民院的胜选，成为执政党，并不代表在邦立法院同样能够赢得多数席位，成立该党领导下的邦政府。尼赫鲁去世后，国大党一党独大的局面被打破，因此在印度包括国大党在内的任何联邦执政党很多时候都需与地方政党结成友党，以联合政府的方式才能有效施政。由于联合政府中各政党仅仅是出于利益而结成同盟，之间的关系十分脆弱，时常因利益不合就分道扬镳，导致联邦政府垮台。执政党为了稳固执政地位，在很多情况下，联邦政府必须给予邦政府在经济和社会政策更多自主权，形成邦和中央分庭抗礼的局面，中央施政能力和效率大打折扣。

作为一个联邦制国家，印度继承了英殖民时期遗留下来的中央政府和邦政府教育管理合作的体制，通过宪法和各项法规政策详细列出了各级政府的职责和权限，其中对中央政府和邦政府以及两者协调运作的教育管理权限做出了明确规定，特别强调了教育是各邦的职责，赋予中央督促性而非领导性职权。为了更好地了解印度复杂的教育管理体制，有必要对印度行政区划分做进一步解释：印度行政区划分为 4 级区划和 5 级区划两种构成结构。4 级区划下印度行政区划分为：邦和中央直辖区、县、市、村，5 级区划下印度行政区划分为：一级行政区、专区、县、市、村。截至 2018 年，印度一级行政区有 27 个邦、6 个邦联属地及国家首都辖区（德里）。根据以上行政区域划分，邦一级主管教育的机构被称为邦教育部，其领导核心包括邦长和首席部长，教育领导权限的划分主要是出于联邦制，以体现分权和削弱中央政府的"集权"。邦长由总统直接任命，在邦内实行权力与总统在联邦政府内实行权力类似，在邦内教育事务管理中，主要是督促邦政府切实落实中央政府政策和监督其工作，起到了邦政府与中央政府间连接桥梁的作用，在实际过程中并不直接领导邦内各项事务。而首席部长（Chief Minister），简称CM，是印度各邦最高的行政长官，其下教育部的负责人被称为教育部长，但业务部门也同样管理本领域的专业教育。

印度邦一级领导职务层次划分与我国类似，分为部长级、秘书级、局长级。邦教育部长直接对邦议会负责；邦教育秘书主要协助邦教育部长工作，主要职责包括研究和制定教育政策，向部长传递文件等；邦教育局局长被称为公共教育局长，其下有附加局长和联合局长协助其工作，公共教育局长的主要职责是执行上级教育部门所制定的教育政策，确保相应政策的落地与实施。同时，公共教育局长与邦内各院校直接接触，确保领导阶层对邦内教育实际情况的把握，起到了上下层重要的联系作用，对于院校的规范主要采用拨款、监督等方式执行。除附加局长和联合局长负责县一级教育事务外，其余职务均对邦教育发展负责。县级以下的教育主管部门领导为局长助理，负责乡政府教育管理。①

从上述有关印度行政职务的划分，可以发现中央政府对邦一级教育事务的领导只是象征性的，并没有实际控制的权力（印度法律规定，仅在"紧急情况"下，邦长有权接管邦内事务，代表中央政府行使管辖权力），由于分权的传统思想和民主政治制度，地方政府在教育事务上拥有较大的自主权，在其管辖地区的教育管理上起到了关键性作用，这也导致各邦在教育发展水平上参差不齐，在落实中央政府统一部署的教育政策上呈现出"各自为政"的态势。

纵观独立后印度教育的发展历程，初等教育长期处于缓慢发展的重

---

① 安双宏. 印度地方教育管理探析 [J]. 黑河学院学报，2010，1（1）：81-84.

要原因之一就是教育行政体系下地方政府的"各自为政"。在经历了多次教育改革后，印度形成了在联邦政府统一指导下的，各邦自主管理的教育管理体制，教育行政体系从中央延伸到地方。其中，中央政府主管高等教育和职业教育，地方政府则主要对初等教育和中等教育进行管理，地方对当地的教育结构有决定权，也包括对课程、教材的采用和规章制度等的制定。① 因此在中央政府统一制定教育发展战略政策后，地方政府虽需履行相关政策指示，但因其本身在自身行政区域内拥有很大的自主权，所以通常采取消极的态度来对待，中央政策落实非常不到位，普及基础教育的工作遇到了很大程度的阻碍。事实上，独立初期的印度中央政府在尼赫鲁思想的指导下，是十分重视教育事业的发展，尽管印度政府要做的事情很多，但仍然把振兴教育放在了十分重要的地位。中央政府在强调发展高等教育的同时，在基础教育的投入上也付出了巨大努力，并尝试各种途径来普及初等教育。尼赫鲁曾说："教育整个基础必须进行一次革命。现行教育体制或许适应以往的形势，但在现在的情况下继续这种制度只会妨碍国家的发展。"中央政府在教育投入上下足了功夫，在国家财政预算最紧张的情况下，如1951年至1952年间，中央政府仍然拨出近2亿卢比作为教育支出，并在随后几年里逐年上调教育支出预算金额，初等教育的发展取得了许多值得肯定的成绩，中央与地方政府普及初等教育，指导思想和政策上传下达的过程中仍然出现了许多问题，具体可以归纳为以下几点：

中央有关初等教育政策缺乏完整性，邦政府没有充分认识普及基础教育重要意义，对待教育活动的积极性不够。从1951年首个"五年计划"开始实施以来，计划中都包含有初等教育发展的内容，如经费、

---

① 王建梁，赵鹤. 从"管理"到"治理"：印度独立以来教育治理的演变、特色及问题［J］. 华中师范大学学报（人文社会科学版），2019，58（4）：161-169.

预期目标和困难挑战等。与此同时，为了进一步掌握教育发展状况和出现的问题，从而更好地提出相应政策和方案，中央政府于 1948 年和 1952 年相继成立了大学教育委员会和中等教育委员会，拉达克里希南和马达利尔分别担任主席。中央政府主要对高等教育和中等教育的发展指出了大概方向，并未提及初等教育的发展纲要，只涉及了印度教育的部分问题。1964 年中央政府又成立了以科塔里为首的教育委员会，该委员会对初等教育在内的印度整体教育现状做了大量综合性的调查，虽然获取了重要的结果报告，但中央政府并没能够在短时间内根据报告结果提出并制定出普及初等教育的相应的具体政策，直到几年后英·甘地上台后，部分政策才最终得以实施。中央政府有关初等教育政策并不完善，致使邦政府对教育整体的重视严重不足，尤其是对初等教育缺乏正确的认识，对相应政策并不加以落实，或者仅仅是为了应付中央政府的检查。导致全国范围内高等教育和中等教育的发展速度明显领先初等教育，英殖民时期就开始的轻初等教育重高等教育的畸形教育结构并没有得到任何改善。就初等教育的发展来说，虽然在中央政府的统一领导下，小学入学儿童总量有了质的增长，入学男童和女童数量从独立之初的 1380 万人和 540 万人，仅用十余年的时间，就分别增长到 3200 万和 1800 万，但结合人口增长的因素，初等教育的发展速度是远远落后于实际需求的。

在普及教育的任务下放过程中，中央与地方政府间未能进行很好的协作。印度宪法对联邦政府和邦政府职权做了清晰的划分，中央只能在原则上指导，不得干涉邦政府教育立法和执行的权利。邦政府自主权很大程度上导致了在初等教育普及上的懈怠，对中央提出的教育政策，邦政府常常采取消极合作的态度来应对。联邦政府在 1950 年《印度宪法》中提出的，1961 年让全国 14 岁以下儿童接受义务教育，并未获得邦政府的大力支持，因此并未如期完成，不得不将时间延期到 1966 年。但直到 1991 年年末，印度毛入学率才达到 80% 以上，30 年前的目标仍然无法实现。事实上，在 20 世纪 60 年代中期，邦政府几乎无暇顾及初等教育，全国 5% 农村人口常住区都未设置小学，其他地区的小学也因为教师稀缺、经费紧张等问题，在数十年的时间里都没有任何改观。中央政府和地方政府缺乏良好的合作，这在初等教育经费的分配上也有所体现。中央政府对承担基础教育重任的几个大邦的投入不足，这些邦的初等教育都是超负荷运行。2007 年印度 1 到 8 年级学生总数约为 1.9 亿人，其中学生人数超过 1000 万的邦有 7 个，共占学生总数的 62.50%，这 7 个邦主要承担了印度基础教育的任务。[①] 然而，与庞大学生数量形成对比的是基础教育预算内经费的缺失，除中央经费，这 7 个邦仅占约 50% 的教育总经费，即使加上中央政府的经费，这 7 个邦教育经费占比也只达到 55%，与全国 62.5% 的学生数量仍然有较大差距，学生规模并没有对应成比例的教育经费，少数大邦承担着全国基础教育的重任，教育经费却不能得到合理的匹配。

少量邦政府官员对普及初等教育抱有偏见，工作玩忽职守，部分民众不愿与政府合作，甚至有阻碍普及初等教育的情况发生。中央政府在敦促各邦发展初等教育的过程中，虽然在政策和方向上提出了很多指导，但在财政经费支持上却存在不足，教育经费的来源中，80% 是由中央政府提供，剩余 20% 则需要邦政府自行解决。加上初等教育又具有义务性和公益性的特点，邦政府在推动初等教育发展的过程中既要耗费巨大的财力和精力，却又无利可图，短期内没有回报，如此"费力不讨好"的工作使得部分地方官员对中央提出发展的初等教育思想产生了

---

① 董晴. 论印度教育 [M]. 长春：吉林教育出版社，2012：36

成见，并没有严肃对待这项工作。此外，初等教育的开展需要地方政府与民众密切合作，中央政府为此付出巨大的努力，但仍然收效甚微。地方政府与民众之间并没有建立起良好的信任关系，对于一个贫困家庭而言，除支付教育基本费用外，接受教育同样意味着家庭劳动力的减少，而教育所带来的回报在短期内难以实现。高额的教育成本使部分民众反对子女去上学以及拒绝支付普及教育税，这些来自地方的阻力使得普及初等教育的工作难以顺利展开，而地方政府在未能与民众良好沟通情况下，机械式地推行初等教育只会带来怨言和反对。

回顾印度独立后教育的发展历程，可以看到联邦分权制严重削弱了联邦政府的集权能力和整合能力。联邦政府和邦政府的共同管理结构影响着教育政策的制定和实施，两者长期在教育问题上处于博弈的态势，在具体教育政策的制定和落实上并没有采取协助的态度，而是呈现出此消彼长的态势。为了优化教育治理布局，缓和联邦政府和邦政府在教育问题上的矛盾，印度在1976年通过了"宪法第42修正案"。虽然表面上仍是联邦政府和邦政府在教育政策的制定上拥有同样的权力，但实际赋予联邦政府掌握更大的主动权，联邦政府在教育有关立法上拥有比邦政府更大的权力，可以直接对邦政府发号施令，在高等教育上更是如此。虽然印度政府对地方权力做出了一定限制，但是从根本上来说，印度教育管理体制依旧是基于联邦政府和邦政府教育合作管理模式。

印度自古以来就有分权思想，殖民统治期间英政府也多次强调中央政府与地方政府应保持合作伙伴关系，但印度作为发展中国家，分权并不利于教育政策的落地，加之社会本身具有多民族性和复杂性，这种分权阻碍了联邦政府在教育上的整合作用，也进一步导致了联邦政府和邦政府在教育问题上难以达成共识，对教育事业的发展造成了不利影响，其中以公益性和非营利性为主要特点的初等教育更是首当其冲受到了冲击①。对于印度社会来说，联邦制所带来的地方分权赋予印度政治活力，分权是符合印度国情且必要的，但印度政府并没有处理好联邦制下"中央统一部署，地方各自为政"这一根本问题，直接导致教育事业，尤其是初等教育的发展受到了阻碍。针对印度教育发展存在的诸多问题，印度政府有必要思考联邦政府适当集权的必要性，重新审视分权与集权的界限，权力的收缩有利于教育政策的颁布与实施，对地方自主权进行限制也将有利于中央政府在整体教育事务上统一安排与部署。初等教育的推进尤为需要中央集权与地方分权的结合，既要有中央统一的指挥，也需要有地方的灵活实施，只有将统筹安排和因地制宜两者结合起来，适度加强中央政府在教育领域的影响力，统合地方力量，加强对教育政策的执行力，印度教育结构畸形发展的状况才有可能真正被改变。

## 第三节　经济因素

### 一、尼赫鲁经济模式

印度独立伊始，印度实施了甘地发展战略。甘地发展战略鼓励优先发展农业和手工业，虽然也对工业发展持积极态度，但反对以减弱农业和手工业发展为代价发展工业，这一发展战略提出立足于印度经济社会的实际情况：在当时印度轻工业和重工业在工业总产值中分别占比78%和22%。可以看出印度的农业和轻工业具有绝对的优势地位，甘地

---

① 王建梁，武炎吉. 印度高等教育结构：现状、评价及反思 [J]. 世界高等教育，2020，1（1）：67-78.

发展战略顺势而为，认为应该继续加持优势行业的发展。在这一思想的指导下，印度于1951年制订了第一个五年计划，该五年计划将解决和改善城市和农村存在的问题，如促进农业发展和兴修水利工程。"改变农村地区人民的社会经济生活和精神面貌，提高农业生产，增加收入"成了"一五"计划的核心发展方向。独立后至"一五"计划期间，印度的教育事业也在"发展优势，立足实际，解决问题"的基调下着力发展"基本教育"，甘地所提倡的"基本教育"主要是指义务教育的普及性和公益性，为了达成这一目标，必须优先发展初等教育。1950年印度宪法规定，将在未来10年内，努力实现为所有14岁以下儿童提供免费义务教育。为了实现这一目标，印度政府在"一五"计划中将初等教育置于绝对的优势地位中，在教育投资结构中，政府对高等教育的投资额仅为1.4亿卢比，而初等教育经费达到了8.7亿卢比，是高等教育经费的近6倍。然而，甘地的比较优势发展战略并没有能够持续。"一五"计划刚结束，就转而实行重工业优先发展战略，经济发展战略的转变最根本的原因在于尼赫鲁模式的出现。

1950年1月26日，印度宪法宣布印度成为独立的共和国，临时议会取代了制宪会议，新的政府即将在大选中产生。从首届印度人民院的选举开始，国大党作为第一大党就长期胜选组建政府，尼赫鲁作为国大党领袖，坐上了印度政治的头把交椅，直至1964年逝世。在尼赫鲁执政的17年里，印度政府确定了国家发展方向和发展模式，制定和提出了一系列促进国家发展政策和目标。在寻找最适合印度国情的道路上，尼赫鲁政府所做出的巨大贡献是不可忽视的，但是在为印度现代化发展打下了坚实基础的同时，尼赫鲁模式同样有过有失，尤其是对印度教育事业的发展产生了复杂而深远的影响。

独立后的印度经济发展主要经历了三大模式：尼赫鲁经济模式、20

世纪 80 年代混合发展模式和 90 年代后的市场经济模式。其中尼赫鲁经济模式指的是 20 世纪 50 年代初至 70 年代末印度国内经济发展模式，包括推行中央主导的扩张型财政政策，国家用国有化手段通过对经济命脉的控制来实现主导经济发展的目的，以计划的方式发展经济，提出社会主义国家计划性经济发展计划——印度"五年计划"，强调公营经济的重要性，私营经济的发展受到限制。

苏联一直将印度定义为"已经走上非资本主义发展道路的国家"①。印度在允许私营经济存在和发展的同时，不断建立和扩大公营经济范围，并在印度经济中占领了"制高点"②。由于英殖民时期印度工业的完整性遭受了相当严重的损害，重工业和基础工业尤为薄弱，因此尼赫鲁政府首先将国家发展的重心集中在工业相关的领域，努力寻求途径以建立全面系统的印度工业。早在 1958 年印度政府提出的《科学策略决议》就明确肯定了科学在现代化进程中的重要性，国家不仅需要引入先进科学技术，更要不惜代价获得高素质人才，印度政府根据此决议进一步提出了促进高等教育发展，培训科研人员的战略计划，努力使人才规模能够满足印度工业、农业、国防以及科学等方面的需要。

从第二个五年计划起（1955—1960），印度政府对产业结构投资比例做出了调整，消费品和农业投资比例下降幅度惊人，仅获得 18% 和 17% 的投资③，而在重工业上的投资比例则跃升到近 35%。投资比例的变化标志着印度经济发展模式的转型，至此尼赫鲁经济模式便开始取代

---

① Pant K C. India Development Scenario [M]. New Delhi: Acdemic Foundation, 2003: 88.

② 沈开艳. 中印经济改革与发展道路的比较和思考 [J]. 南亚研究季刊, 2012 (1): 100-105.

③ 德布拉吉·瑞. 发展经济学 [M]. 陶然等, 译, 北京: 北京大学出版社, 2002: 129-130.

甘地比较优势发展模式，优先发展重工业成为印度国内的主流趋势，这一趋势一直持续到20世纪70年代末期，在此期间印度政府有意对尼赫鲁模式做出调整，向甘地模式靠拢，并在第七个五年计划中提出"促进农业、轻工业、重工业协调发展，优化产业结构"，但从本质上仍未脱离重工业优先的尼赫鲁模式。

回顾尼赫鲁经济模式，可以看到在实践过程中，尼赫鲁过分倚重工业发展，在财政投入和发展战略上向公营经济倾斜，忽视甚至限制私营经济的发展，这种模式虽在初期较快地提升了印度经济的基础实力，稳固了新生政权，但从长期来看，印度经济活力被束缚，经济结构失衡的现象也越发严重，最终对印度社会的方方面面产生了消极影响。在教育方面，正所谓当国家经济发展呈现良好势头，国家资金充足，人民生活富有时，无论是国家或个人都会对教育事业慷慨解囊。相反，当财政资金短缺，人民生活贫瘠时就会引起国家对教育投资不足，个人不愿也无力投资，就会对一国具有公共性和义务性的初等教育造成许多问题。印度的初等教育也不例外，同样受到了尼赫鲁经济模式的冲击。但高等教育在尼赫鲁模式下得到了较好的发展。究其原因，可以从国家层面和公民层面两方面进行分析。

从国家层面上来说，尼赫鲁政府为彻底摆脱英国等西方国家的控制，维护国家主权和独立，对外实行贸易保护主义，实行进口替代战略，保护民族工业，严格管控外汇，有控制地利用外国资本和援助。尼赫鲁的经济发展战略同样被称作尼赫鲁—马哈拉诺比模式，核心是以自力更生的方式发展重工业和基础工业，优先发展公营成分。而"一五计划"则是尼赫鲁经济发展战略思想的形成期，在"一五计划"末期，尼赫鲁的思想已经基本成型，他在财政上则主张扩张性的财政政策，但覆盖面过大过细，导致政府财政赤字激增，外债不断扩大，政府早已无力支付教育开支。事实上，尼赫鲁在位期间总共指导了三个"五年计划"的实施，从第一个"五年计划"开始，尼赫鲁政府就提出了公共教育经费占国民生产总值（GNP）6%的奋斗目标。虽然教育经费的总量是呈现出增长态势，但在第二个和第三个"五年计划"中，整体教育经费的实际占比一直都在下降。从教育经费的分配上来看，政府在高等教育和中等教育上投入的迅速增加，与之形成对比的则是初等教育仅仅在独立初期保持了较高比例的投入，但所占比例在日趋减小。"一五"计划期间，印度对初等教育的投资为总教育经费的 56%，这一数据在"二五"计划期间下降到 35%①。在 1950 年"一五"计划制订期间，初等教育与高等教育的投资比例之比约为 10 : 1，而在"一五"计划期间，这一比值下降到 6 : 1。"二五"和"三五"计划期间，比值下降到 2 : 1，"四五"计划期间更是达到了 1 : 1②。如表 3-3。

表 3-3　20 世纪 50—70 年代部分年度印度教育投资结构　单位（%）

| 年份　　　 教育结构 | 1950 | 1960 | 1965 | 1970 | 1975 | 1980 |
|---|---|---|---|---|---|---|
| 初等教育 | 56.7 | 28.1 | 23.1 | 22.2 | 40.0 | 38.2 |
| 中等教育 | 14.9 | 41.6 | 42.1 | 42.5 | 26.6 | 25.8 |
| 高等教育 | 5.5 | 18.0 | 23.1 | 24.6 | 12.1 | 15.4 |

资料来源：UNESCO（1963—1999）. Statistical Yearbook，UNESCO Publishing & Bernan Press.

事实上，初等教育经费在国民收入中的实际比例，数十年间都维持在很低的水平区间。教育经费的严重缺乏程度从第二个"五年计划"

---

① 马加力. 当今印度教育概览 [M] 郑州：河南教育出版社，1994：37-49.
② 曹淑江，李倩. 三个发展中国家教育发展优先次序的比较研究 [J]. 中国人民大学教育学刊，2018（4）：5-22.

发展资金的筹措中就可见一斑：在"二五"计划中所有公营部门的投入中，政府财政收入和发行国债和银行储蓄仅占资金来源的50%，剩余50%都是依靠财政赤字和外国援助来解决，财政赤字的总额也从"一五计划"时期的33亿卢比增长至95亿卢比，巨大的资金空缺和资金来源的不确定性从根本上导致初等教育发展停滞不前。在财政困境中，高等教育却丝毫没有受到影响，这主要是因为印度联邦政府承担了投资的重任，"二五"计划后的教育经费绝大部分都用于高等教育的建设。20世纪70年代以后，联邦政府的投入超过了政府对高等教育投入的30%，80年代后这一比例有所下降，但仍然维持在20%以上。与之相比，印度的初等教育经费则基本上由各邦负责筹措，联邦政府的拨款数量也很少。联邦政府对初等教育的投入只占政府初等教育全部经费的1%左右。

从公民层面上来看，在尼赫鲁模式下经济增长缓慢，"一五计划"期间印度国内生产总值年均增长率为3.6%，而到了"三五计划"实施后，国内生产总值年均增长率下降到了2.8%。经济增长速率的变缓直接影响到居民平均收入的增加，虽然印度国民总收入从1950年的1673亿卢比增加到1956年的1995亿卢比，到"二五计划"结束时达到2425亿卢比。人均收入也从1950年的466卢比增长至1955年的508卢比，并且物价水平有所降低，但年均1.8%的增长率仍然使得印度普通民众的生活处在贫困之中。在随后的"二五计划"和"三五计划"中，印度人均收入增长率有所提升，分别达到2%和2.4%，但与预期5%的目标相比相去甚远，加之尼赫鲁重视工业，农业发展只是依靠制度改革，生产力并未有实质提升，整体进展十分缓慢，通货膨胀现象时有发生。此外尼赫鲁模式下的重工抑农，印度人口长期高速增长，导致粮食问题频频产生。纵观整个20世纪50年代，印度人口增长率年均2.3%，远远高于预期的 1.4% 的增长率，粮食供应十分紧张，以至于 1965 年至 1966 年印度不得不花费 28% 的外汇进口粮食，导致国内粮价长期处于较高水平。

在有限的收入情况下，普通印度家庭除去购买食物等必要的生活开支后，大部分家庭无力支付孩子基础教育的费用，这种情况在印度农村更为严重。印度独立以来，尼赫鲁经济发展模式很大程度上忽视了农业，并没有触动农村的土地所有制，少数高种姓的地主仍然拥有大量的土地，而广大低种姓的农民依旧面临无地可种的境况，基本的衣食都没有着落，初等教育的普及更无从谈起。尼赫鲁模式下政府对农业投资不足同样导致农业生产力极端落后，除极少部分邦推行"绿色革命外"，印度各邦农村都是采用原始的耕作，生产效率低下。再加之印度较高的人口出生率，基础教育在农村留有很大的空白。在农村贫困人口眼中，即使接受免费的义务教育也没有实际作用，把孩子送去小学，是浪费了家庭劳动力。越是在发展落后的地区，这种情况就越突出，在最贫困的拉贾斯坦邦，1 至 8 年级学生的辍学率甚至一度超过了就学率。

综合来说，尼赫鲁经济模式在潜移默化间加强了政府对以科学技术为代表的高等教育的关注和重视程度。而对于初等教育，早期的印度政府甘地发展战略的指导下，虽然早已经充分认识到发展初等教育的深远意义，但是随着尼赫鲁经济模式的提出，印度教育的结构发展顺序被彻底破坏。重工业优先策略进一步扩大了对高等教育人才需求的缺口，优先发展高等教育以解决人才短缺问题满足了这一模式的发展要求，印度政府也不得不放缓初等教育原本在"一五"计划初期已经取得了一定进展的脚步，初等教育的发展计划面临多次搁浅，在 1950 年原定 10 年之内实现的免费义务教育的设想也屡次落空。印度政府在 1957 年对这一计划进行了首次调整，将义务教育实现历程分为 2 步，即 1965 年和

1975 年分别普及 5 年义务教育和 8 年义务教育。但在实际实施过程中，仍然存在很大差距，到 1966 年印度政府不得不再次推迟普及义务教育的期限，提出在 1976 年和 1986 年分段普及小学。第二次调整后的目标仍然不能实现，1986 年印度政府第三度对义务教育发展计划进行调整，计划在 1990 年和 1995 年实现 11 岁和 14 岁儿童义务教育普及。但根据事后相关数据来看，这一目标仍旧未能如愿：90 年代初，印度初等教育入学率仅为 66%，其中完成学业的学生仅有六成，其余近 40% 的学生在中途辍学。整个 90 年代期间，印度初等教育辍学率均维持在 50% 左右，离初等教育普及的目标仍然相去甚远。

### 二、20 世纪 90 年代经济改革

英殖民时期的印度经济长期处于停滞状态，独立后经过印度政府多年的努力，印度经济实现了较快发展并取得了一定的成就。从 20 世纪 50 年代至今，印度经济发展主要经历了"尼赫鲁模式"，混合发展模式以及市场经济模式。"尼赫鲁模式"是印度独立初期至 20 世纪 70 年代以来，借鉴资本主义和社会主义发展经验，以公营经济为主体的经济发展模式，在该模式的指导下，印度聚焦于国内基础工业的建设，形成了门类齐全的工业体系，实现印度工业化和现代化的同时，人们生活水平也有了较大幅度的提高。但随着时间的推移，尼赫鲁模式的弊端开始逐步显现：过分追求重工业的发展，导致印度经济结构严重失衡，具体表现为工业和农业，重工业和轻工业间比例失调；忽视国家实际情况，一味追求快速增长和大量投资，国家陷入债务危机；过分强调国有经济，限制了经济发展的活力；进口替代战略出现部分政策偏差，不利于经济正常发展，等等。为了解决印度经济所面临的危机，尼赫鲁逝世后印度政府开始在原有经济模式的基础上对经济体制和政策进行微调和部分改

革，英·甘地和拉·甘地两届政府都付出了巨大的努力。印度在经济上采取了混合发展模式，强调国家在经济中主导作用的同时，逐渐引入市场调节，主张两者的结合；重新审视私有经济在国家经济中的重要性；工业生产和消费品生产发展相结合；扩大对外开放程度，推动产品出口。混合经济发展模式使印度经济摆脱了持续低速增长的状态，国民经济增长率在此期间维持在 4.5% 以上，促进了印度经济一段时间内的繁荣与发展，并且到 80 年代开始，拉·甘地政府进一步放宽了国家半管制体制，加快了改革的进程，但由于没有从根本上突破经济发展的制度障碍，印度经济发展依旧面临层层束缚。回顾从 20 世纪 50 年代至 20 世纪 80 年代初期 30 年间，印度经济年均增长率仅为 3.5%，远低于同期的日本，新加坡和中国台湾等地区的经济发展速度，处在低速发展轨道上。印度经济这一增长率也被印度学者讥讽为"印度教徒增长率"①。缓慢发展的经济导致一系列社会问题的产生，如失业人数增加，贫困率居高不下，贫富差距悬殊，两极分化严重，等等。

进入 90 年代后，印度国内矛盾的进一步凸显，国际大环境发生根本性改变。国际上，长达 40 余年的美苏争霸最终以苏联的解体画上句号，印度不仅失去当时的第二大贸易伙伴（苏联），也失去了对计划经济的信心，带有社会主义特征的尼赫鲁经济发展模式对印度社会的引领作用从此不复存在；在国内，由于经济发展的制度枷锁依然存在，1991 年至 1992 年印度年度经济增长率仅为 1.2%，创下了 20 世纪 60 年代以来的新低。工农业生产出现负增长，政府财政赤字居高不下，国际收支严重失衡，外汇储备不足，1991 年 5 月印度的外汇储备仅剩 12.1 亿美元，国家经济已经到了崩溃的边缘，印度经济在 20 世纪 90 年代面临了

---

① 鲁达尔·达特，K. P. M. 桑达拉姆. 印度经济 [M]. 成都：四川大学出版社 1994：169.

前所未有的危急形势，这次危机也最终促成了印度对其经济发展模式进行根本性改革。1991年7月，新上任的拉奥政府抵住改革的层层阻力，摒弃了坚持40余年的"尼赫鲁模式"，在拉·甘地改革的基础上开始进行大刀阔斧的经济改革，把印度经济从国家管控下的半封闭半管制模式，彻底转变为对外开放的市场经济模式，提出了"四化"的市场经济改革目标，即自由化、市场化、全球化、私有化。主要包括：调整经济结构，进行私有化改革，形成以发展私营经济为主的经济体制，放宽对私营经济的限制，扩大私营经济的投资和经营范围，对国有企业进行彻底的整顿，将其推向市场；削弱政府对经济的干预，进行市场化改革，形成以市场调整为主的经济体制；放宽外国商品和资金的准入条件，引入国际先进企业进入印度，积极融入全球化进程，促进印度经济从封闭内向型经济到开放外向型经济的转型。在拉奥实施经济自由化改革后，印度历届政府虽有更迭，但无一例外地都朝着这一方向继续前进①。

90年代的经济改革对印度经济的发展产生了深远的积极影响。改革伊始，成效显然，首先体现在印度经济的高增长率上，1994—1997年3年间印度GDP年均增速高达7.5%以上，这一数值在2005—2008年更是一度上升到了9%，虽然在此期间受到金融危机的影响，但仍然维持在5%以上。与此同时，改革给经济发展注入了活力，公营经济的经营状况有了明显好转，私营企业在改革的浪潮中获得了发展机会；对外开放的新政策使得印度对外贸易迅速扩大，外资投资限制的解除吸引了大批优秀外国企业来印投资。总之，改革给印度国家发展带来了巨大的红利，并使印度经济取得了令世人瞩目的优秀成绩。②

---

① 文富德，印度经济发展、改革与前景 [M]. 成都：巴蜀书社，2003：56.
② 文富德，印度经济发展、改革与前景 [M]. 成都：巴蜀书社，2003：60.

　　但在改革的过程中，也存在诸多问题，不仅影响着印度经济持续健康发展，也在很大程度上加重了印度教育的结构性问题。其中最显著的问题之一是，改革后政府债台高筑，导致基础教育投资的增长幅度不能够满足普通印度民众实际需求。主要是因为印度经济在市场化的条件下，暴露出国内企业与国际先进企业间的差距，大量印度企业破产倒闭，失业人数也在不断增加。为了维护社会稳定和解决失业人群基本的生活问题，印度政府不得不将投入大笔资金用于社会保障支出，并且扩大财政投入，为此类人群创造就业机会。因此国家用于教育事业尤其是初等教育的财政支出，虽然在绝对量上保持增长态势，但就实际的增长速率来说，仍然与社会的需求存在很大差距。1992—1993 年印度的小学毛入学率仅为 86.6%，其中高小的毛入学率为 67.5%①，而梅加拉亚邦排名垫底，初小和高小的毛入学率仅为 37.1% 和 40.1%。财政上的高额赤字最终导致印度初等教育的普及进展缓慢，直到 20 世纪末仍然未能实现。经济改革对教育事业的影响还在另一方面体现——两极分化的加剧。两极分化的问题在印度社会中存在已久，并随着 90 年代经济自由化发展而严重起来。部分人赶上了改革的浪潮，甚至利用政策的漏洞，迅速提高了收入，另外那些本处于优势企业的中产阶级同样在经济改革的过程中获取了福利，然而，那些工作在效益不好甚至破产边缘企业的人群和难以跟上改革的脚步，他们同印度大量农村人群一道，逐渐沦为低收入人群，无形之中增加了印度国内潜在贫困人口的数量。根据印度官方的统计，截至 2000 年年底，生活在贫困线以下的人口总数约为 2.6 亿，占当时印度总人口数的 26%。庞大的贫困人口数量和严重的贫富分化如同横亘在印度社会上的一把剪刀，硬生生地将印度社会划分

---

① THAKUR D, Primary education and adult literacy [M]. New Delhi: Deep and Deep Publication, 1996: 49.

成为不同结构。贫困人口忙于生计，无暇顾及最基本的初等教育；高收入群体重视对子女在教育上的投入，深谙高等教育的重要性。经济改革使贫富差距的问题更加突出，不仅导致社会结构的分层，也使得教育资源的分配不均衡性的扩大，初等教育因贫困问题难以大跨步地发展，而高等教育却因富人阶级的增加而获得新的发展动力。

经济改革为印度经济引入了先进的市场化机制，但在激烈的市场竞争中，生产技术水平低的企业存在随时被淘汰的危险，印度部分企业在竞争中失败，破产倒闭最终引发结构性失业。而在竞争过程中，部分生产条件优越，生产技术水平高超的企业则在竞争中站稳了脚跟，并不断发展壮大，在这个演变过程中，往往是具有较高科技水平的企业在改革大势下的发展更为迅速。在此期间，印度高科技开发和运用方面也接连取得了多个成就：信息工程上，印度软件实力猛增，1998—1999 年，软件相关人才已接近 30 万大关，印度软件在世界上的占有率达到 18%，在美国等发达国家的公司中，印度软件的出现频率越来越高；核能的利用上也有了一定的突破，1996 年印度首个以铀 233 为燃料的中子反应堆正式建成；航天科技上，印度也多次发射了自主研发的卫星，与苏、美、法、日、中一道，成为少数可以自主发射卫星的国家。上述行业领域具有一个共同点，即技术含量高，而此类领域的发展都需要科研力量作为支撑，一大批如印度理工学院、德里大学等高等院校是印度科研重要的组成力量，在其中发挥着巨大的作用。印度经济自由化改革的大趋势并未改善初等教育的状况，却为印度高等教育的改革和发展带来了积极影响。

（一）高等院校办学自主权的扩大

高校的自主权主要体现在三方面，即学术自主权、行政自主权和财政自主权，具体包括自主设计学术计划和课程，自主决定研究人员的选择程序，部门自主权，院校领导有权决定教授，副教授或助理教授的数量与排名，将高等教育系统内不同科层的责任和权力下放，决定学费结构的机制，给较低经济阶层的优秀学生提供奖学金，进行咨询工作和赞助研究项目等。① 独立后印度政府长期对高校进行过度的行政干预以及财政控制等行为严重限制了高校的自主发展，当时高等院校自主权是十分有限的。90 年代后，在经济自由化改革的大背景下，印度高等教育逐渐呈现出多元性、复杂性的特点，政府开始对高校权力下放，以赋予高校更大的自主权。在行政自主权上，高等院校的行政管理治理结构得到了优化，高校在选择职工和学生上，除部分情况是工资标准和雇佣要求需获得政府审批，但高校内部的高校委员会拥有具体职务的任命权力；在学生招收上，虽录取人数需要政府根据大学拨款委员会的意见决定，但申请人的拒绝或接受完全由高校自行判定。在学术自主权上，高校也有更大的权力对课程内容和教学方式进行修改，以满足社会发展的实际需求，无须和以往一样完全按照政府的官方规划安排课程。在财政自主权上，不同类型的大学经费来源与构成也不尽相同，中央大学所有资金均来源于大学拨款委员会，邦立学院及附属学院经费主要来自邦政府。

20 世纪 90 年代经济自由化改革后，印度政府对高等院校权力的下放已经成为主流趋势，政府针对高校办学种种的管控与限制逐渐放宽，极大促进了印度高等教育的健康发展，赋予其更多的灵活性和开放性。

（二）私立高等院校的兴起

经济改革所提倡的经济自由化也极大地推动了高等教育的新模

---

① VED P. Concerns about Autonomy and Academic Freedom in Higher Education Institutions [J]，Economic and Political Weekly，2011，46（16）：34

式——私立大学的兴起。独立初期的印度在经济上采取的是计划经济，由中央政府和邦政府共同管理高等教育体制，为了加快发展高等教育，政府推行规模战略，除部分重点院校外，对包括私立高校在内的广大普通高等院校采取"开放政策"，即学生只要通过由各邦中等教育委员会或大学组织的中学毕业考试就可入读高等院校。"开放政策"刺激了印度私立高等教育的规模扩张。在印度独立后的半个世纪里，私立学院净增6200多所，被印度学者称为"爆炸式扩充"。但由于经费和资源投入有限，这一时期印度私立高校的基础设施非常薄弱，教育质量普遍不高，而且学院单体规模普遍较小，1974年印度私立学院中学生不到百名的有776所，200人以下的私立学院占当时学院总数的41.7%。① 20世纪80年代以来，随着印度第三产业的异军突起，以软件业为代表的信息技术产业进入了高速发展时期，同期带动的不仅有印度国内的产业经济，还有支撑信息科学技术发展的高等教育。印度社会对高等教育的需求逐渐扩大，公立高等教育"供给"的速度已不能满足社会需求，私立高等教育开始崭露头角。1991年印度经济自由化改革后，市场经济机制的引入加剧了高等教育发展中的固有问题，教育成本明显增加，学生入学机会不平等，公共财政压力加大，加之20世纪80年代后，公立高等院校长期面临的经费紧张，教育资源稀缺以及供给不足等情况，至此私立高等院校开始真正步入高等教育主流发展道路上。

对于印度的高等教育发展，美国比较教育学家阿特巴赫（Altbach，Philip G.）曾如此评价："印度独立后高等教育的特征是增长迅速。"②

① 张继明，张丽丽. 近代以来印度私立高等教育发展历程及启示［J］. 贵州师范大学学报（社会科学版），2018（1）：52-59.
② MOHAN D. India Education；the Anti - Cultural Involution ［J］. Journal of Higher Education（India），1983（1）：24.

印度私立院校的发展同样如此,从 1999 年到 2006 年,印度专业高等教育机构由 3730 所增至 9947 所,增幅达 67%,其中私立院校占近 80%。90 年代后,仅从私立高等院校机构的数量来看,私立院校已经成为印度高等教育结构中的主体,在全国 367 所大学中,私立大学约 100 所;17590 所学院中,受助私立学院 5750 所,自筹经费学院 7540 所,这些私立高等院校为印度国家建设培养了众多科研人才。到 2006 年年底,印度全国已有近 30% 的高校学生在私立高等院校接受教育,① 同期印度国内包括外国高教机构在内的纯私立院校的学生总数已经占据了全国高校在校生数的一半之多。

20 世纪 90 年代以后,私立高等院校的发展又带动了印度整体高等教育的进步,私立院校发展的原因之一主要是经济体制已经随着改革的深入产生了明显的转变,印度开始走向市场经济和自由化的发展方向,发展模式也从内向型转变成为外向型经济。经济改革后,印度政府不再一味强调国有经济占据国民经济制高点,更加鼓励私营经济的长足发展,以及打开国门吸引外资的进入,国家对私营经济的限制逐步放宽,为民间资金流入高等教育提供了便利,带动了私立大学的兴起与繁荣。另一个原因是经济发展模式改革给印度社会引入了全新的市场经济体制,市场经济本质上是一种竞争性经济,具有极强的趋利性。在公立高等院校难以满足市场实际需求,高等教育需求与供给长期存在差距的情况下,教育投资有明显的营利性,因此私立高校数量的增加同样可以理解为一种市场行为。也正是出于这个原因,印度各界对于私立高等院校的评价褒贬不一,有些学者认为私立院校是解决印度高等教育一切问题的灵丹妙药,政府不应对私立高等教育院校的建立和运作采取任何行政

① 张继明,张丽丽. 近代以来印度私立高等教育发展历程及启示 [J]. 贵州师范大学学报(社会科学版),2018(1).

管制或干预，必须让市场成为决定其生存的唯一尺度；还有学者则认为私立院校是不法行为，教育的公益性被剥削，教学的质量也将得不到保障，高校办学将在经济上受到私人的操控。[①] 以上两种看法都有失偏颇，私立高等教育院校的兴起，很大程度满足了当时印度社会对高等教育的需求，缓解了因消费者需求增加所导致的公立高等教育供应不足的矛盾，并以其办学灵活性和紧跟时代性的特点，增加了高等教育与劳动力市场的紧密度。因此私立高等教育的出现具有重要意义，从 20 世纪90 年代经济自由化改革后，印度私立高等教育的扩张速度一直远远高于邦立大学、中央大学等公立大学，私立高等教育的扩张为实现印度高等教育总入学率，从 1990 年至 1991 年的 5.9％到 2014 年至 2015 年的34.2％做出了不可或缺的贡献，私立院校为印度高等教育的发展注入了新鲜血液，有力推动了印度高等教育大众化的实现，为当代印度高等教育事业的发展贡献了重要力量。

（三）高等院校经费来源多元化

印度独立后，印度高等教育的经费主要来自中央和地方财政投入，印度政府在高等教育上投入了大量的物力与财力，初等教育的发展被严重忽视。20 世纪 90 年代印度经济发展模式改革，印度政府大比例削减高校的经费投入，鼓励高等教育拓宽经费来源渠道，主要包括：学费调整和高校自筹经费。学费调整是在 1992 年印度《国家教育政策》中提出的，决议认为应对高等院校的学费结构做出调整，以此来补充高等教育资金的缺乏。2006 年，印度国家知识委员会进一步提出，目前公立高等院校平均学费收入不足教学总开支的 10％，必须对学费收取做出

---

① Avinash Kumar Singh, Education and empowerment in India ［M］. New Delhi: Rout-ledge, 2016 (45).

合理调整，该委员会进一步提出规范标准，认为学费应该占总支出比例的20%以上，将逐年提高学费，确保其处于合理区间。而自筹经费则是鼓励高校自身筹集学校运作所需的经费，主要通过提供课题和研究成果的方式进行，当然也包括接受国内社会和国际社会的捐赠，以及校友对母校的资金支持等。

高等院校经费的多元化有效缓解了国家财政压力，独立后的印度政府每年都要承担巨额教育支出带来的压力，早在20世纪60年代，印度教育委员会就曾建议政府扩大高等教育经费的来源渠道，但在社会主义类型的民主共和政治体制下，教育事业的公益性被置于首位，高校经费来源十分单一，在资金紧缺的情况下，国家教育经费中绝大比例投入高等教育中，忽视了初等教育的发展，20世纪90年代后高校经费自筹一定程度上解决了这一问题。此外，经费多元化减轻了高校对财政的依赖，高校在使用所有的自筹经费上都具有自主权，有效减轻了政府对高校经费使用的限制，避免了经费审批中复杂的手续和时间成本，提高了高等院校的灵活性和自主性，激发了高校发展活力。

当然必须指出的是，虽然印度政府鼓励高校尝试多种方法筹措资金，但政府对于高等教育的资金投入依然是十分必要的，随着市场经济改革的深入，印度政府把市场机制也应用在高等教育中，引入绩效评判，鼓励和支持高校通过研究活动的进行和相应研究成果的多少来获得相应的教育经费，所有高等院校都必须通过明确的方法，在竞争的基础上获得研究补助金[1]。评估的标准不是固定的僵化标准，而是通过对院校的研究投入和产出进行分析，印度高等教育的质量也因此得到了极大的提升。

---

① 刘淑华，王旭燕. 印度高等教育大众化进程中的经费来源渠道探析 [J]. 外国教育研究 2016 (3)：69-81.

印度 20 世纪 90 年代经济发展模式的重大改革深刻影响了印度高等教育的发展，在市场机制的影响下，私立高等院校的崛起，高校办学自主性提高以及高校经费的多元化发展等一系列变化，使得印度高等教育变得越来越富有竞争力，高等教育也在市场力量的驱动下变得更加结构化，更加适应社会的需求，也更加关注入学、效率和质量。① 同时对印度政府而言，市场经济的竞争性要求印度必须发展高等教育，进一步提升科学技术水平，加强印度企业在国际市场的竞争力，力保印度企业在经济改革大背景下的发展壮大。20 世纪末期，经济自由化改革是时代主流之音，随着全球化的深入，国家间的竞争是综合国力的竞争，归根结底则是高科技人才的竞争，对于急于在国际市场立足的印度而言，短期之内科技型人才的培养则必须依托于高等教育。90 年代后，印度政府开始重新审视初等教育的作用和重要性，转变了国家教育政策的倾向和重心，初等教育也随着印度经济总体发展而水涨船高。但初等教育的落后程度是几十年忽视的结果，非一朝一夕能够解决，加之在经济改革中扮演的作用远不及高等教育，改革给印度社会带来的负面效应也在时刻影响着初等教育的发展势头，在国家经济发展模式发生根本性转变的过程中，初等教育事业的进展仍然与新时代下的需求与期望相去甚远。

### 三、第三产业的迅猛发展

1947 年后，印度的经济发展可以分为三个阶段：独立初期至 20 世纪 60 年代末期的尼赫鲁模式，60 年代末至 80 年代末的混合发展模式，90 年代初期至今的市场经济发展模式。三种发展模式都是印度政府基于相应时代背景下国际环境和国内情况而制定的。其中尼赫鲁模式下的

---

① KAUR I R. Higher Education and Market Force in India [J] . International Jounal of Business Management, 2014：395.

印度经济属于计划经济下的混合经济体制，主要借鉴了西方发达国家和苏联经济发展的经验，采取计划经济发展战略，以公有制经济为主，公私混合的经济发展模式。国有经济和集体经济被放在了发展的首位，私营经济受到了限制。在产业结构上，印度政府将重心放在了重工业和基础工业上，实行进口替代战略，并通过关税和配额限制进口，采取政策扶持和税收优惠等一系列手段确保第一产业优先发展。这一阶段，印度政府只强调工业发展，忽视第一产业和第三产业的发展，两者发展几乎陷入停滞状态，在国内生产总值中所占的比重也十分低。20 世纪 60 年代后，尼赫鲁之女英甘地执政后曾继续沿用尼赫鲁模式发展经济，但此时的尼赫鲁模式已经与时代发展需求不相匹配，该模式的弊端不断显现，导致印度国内经济环境进一步恶化。20 世纪 80 年代初，英甘地二次掌权后开始认识到印度迫切需要新的经济发展模式，以顺应时代潮流，促进经济发展。拉·甘地上台后，吸取了母亲英甘地执政期间的经验与教训，对当时印度国内的经济现状和国际环境做出了分析，开始实行一种新型的混合经济发展模式，印度开始从以第二产业为主的产业结构向第一产业和第二产业协调发展的产业结构做出转变。第三产业也是在这个时期开始迅速发展，拉吉夫·甘地尤其重视信息技术产业的发展，政府为第三产业投入了大量资金支持，高新技术产业得到了迅速的发展。

那么，印度的第三产业发展是如何影响到教育结构的？为了回答这一问题，必须从印度的产业结构说起。

印度的产业结构演变过程与一般国家不同，印度三大产业的发展顺序并非从第一产业到第二产业再到第三产业依次进行，而是从第一产业向第二产业和第三产业同时进行，并且向第三产业转移的速度远远大于向第二产业转移的速度，这导致服务业在印度国民经济所占比重一直高于制造业，所以虽然印度的产业结构与发达国家相似，都是以第三产业为主，但印度的工业化基础仍然十分薄弱。西方经济学家威廉·配第和科林·克拉克对一国产业结构发展曾做出以下叙述："随着经济的发展，第一次产业国民收入和劳动力的相对比重逐渐下降；第二次产业国民收入和劳动力的相对比重上升，经济进一步发展；第三次产业国民收入和劳动力的相对比重也开始上升。"① 该论述即人们熟知的产业结构理论，又称"配第·克拉克定理"，产业结构理论揭示了产业发展的先后顺序和固有规律，总结出随着经济发展和人均国民收入水平的提高，劳动力首先由第一产业向第二产业转移，然后再向第三产业转移的演进趋势。因此，一国的产业结构通常呈现出"梯形"形态，而印度的产业结构呈现出奇特"哑铃状"，一侧是有一定发展基础的传统农业，另一侧则是以高新技术软件行业为代表的第三产业，而原本应该在两者之间起过渡和连接作用的第二产业却长期处于低迷的状态。以 2004 年至 2009 年数据为例，印度农业在政府的激励政策下，粮食产量年均增长 3.2 个百分点，在 2007 年至 2008 年财年粮食产量突破 2 亿吨大关，到达印度历史最高水平，在随后的 2008 年至 2009 年，印度农业的总产值占 GDP 比重 17%，接近 5.7 万亿卢比。在工业方面，发展速度有所加快，2004 年至 2009 年间，印度工业都保持了一定的增长，但增长率却在逐年递减，从最初 10.3% 的年增长率一路下降至 3.9%。2008 年至 2009 年，工业生产总值仅占当年 GDP 的 18.5%，几乎与农业持平。形成鲜明对比的是长期处在高速发展势头的印度服务业，2004 至 2009 年间，服务业的年均增长率达到了 10% 以上，其中的建筑行业、软件和通信行业发展最为迅速，年均增长率分别超过了 12% 和 25%。2008 年至

---

① 威廉·配第. 政治算术 [M]. 马妍，译. 北京：中国社会科学出版社，2010：101.

2009 年，印度服务业总产值占 GDP 的比重再创新高，达到了惊人的 64.5%（这一数值在 2004 至 2005 年为 60.2%）。

出现这一现象的原因既有国际国内大环境的影响，也与其经济政策息息相关。独立后的印度农业生产技术十分落后，基础工业也在英国殖民期间遭受严重破坏，虽然尼赫鲁政府为改善国内农业和工业做出了巨大努力，但效果依旧不尽如人意。20 世纪 80 年代拉吉夫·甘地上台后，认为印度基础设施落后且投入不足，应该采用跳跃式发展模式，主张先绕过制造业，通过发展服务业来带动整体的经济增长，此后印度政府树立了服务业优先发展的政策导向，其中印度国内的软件和软件服务外包更是在政府扶持政策的支持下，凭借高质量的软件人才、先进的信息技术以及得天独厚的英语语言优势迎来了发展的黄金期。80 年代以后，印度第三产业在国内生产总值中的占比越来越高，增长幅度也长期维持在 3 至 13 个百分点之间。

表 3-4　1980—2000 年印度国内生产总值构成（%）

| 年份<br>产业 | 1980 | 1985 | 1990 | 1995 | 2000 |
|---|---|---|---|---|---|
| 第一产业 | 38.7 | 33 | 31.4 | 28.4 | 26.2 |
| 第二产业 | 24.2 | 28.1 | 27.6 | 27.9 | 26.9 |
| 第三产业 | 37.1 | 38.8 | 40.9 | 43.7 | 48.2 |

资料来源：《国际统计年鉴》1980—2000 年。

1990 年至 2000 年印度国内生产总值构成情况如表 3-4 所示。从数据中可以看出，第三产业始终在印度的产业结构中占主导地位，虽然随着第一产业比重的下降，第二产业和第三产业有不同幅度的增加，但是 20 年以来，第二产业的增长幅度异常缓慢，从未出现过大的变动，甚至在此期间还出现过负增长，但第三产业的构成比例却节节攀高，2000

年以后突破了50%以上，并维持在该水平区间。

印度的第三产业发展程度在发展中国家中排名靠前，涵盖的门类范围较广。不仅有以银行、保险、医疗、教育以及软件业为代表的人力资本密集产业，同样也有以旅游、运输等为代表的劳动力密集型传统服务项目。印度的第三产业的发展在纵向和横向上都有大的延伸，这其中又以软件业为代表的信息业最为突出，是最具活力的产业和部门。印度是世界软件外包生产中心，在全球软件市场中占据了20%的份额，占美国软件进口的60%以上。以金融、软件服务业为代表的一批现代服务业在印度得到了迅速的发展，并逐渐成为其国民经济中的支柱产业，使得整体第三产业对经济增长的贡献率一直呈上升趋势，20世纪90年代末期至21世纪初期，第三产业拉动印度经济增长的贡献率超过了40%，最高时在2001年一度超过了70%。第三产业的蓬勃发展，不仅带动了印度整体经济的发展，更是极大地促进了印度高等教育的提升，主要体现在：

20世纪80年代初，拉·甘地强调信息技术产业在发展第三产业中的重要性，并在1984年3月颁布法令，解除公营部门对计算机行业的限制，鼓励私营经济参与到该行业的建设之中，并于1984年、1985年、1986年先后出台了新计算机政策、电子综合政策、新软件政策等一系列政策和配套措施，其主要目的是加强科研力量，使科研机构一改以往单一体制的模式，注重有关部门之间的合作，尤其主张研究机构和高等院校之间建立起紧密的协作关系，推动高等院校与科研机构、高科技企业三者成果共享。此举为高等教育的发展创造了良好的条件，不仅为其注入了新的研究力量，三者之间的成果共享也提供了高等教育接受实践检验的宝贵机会，同时也向印度国内表明了发展高等教育重要的现实意义。

除了政策和制度上的优化和鼓励，科研力量的提升最终需要落到科研人员的培养上，印度第三产业中信息技术行业的发展极大地增加了印度社会对计算机技术人员的需求。鉴于印度高等教育基础实力强，规模庞大，对扩充相关技术型人才拥有得天独厚的条件，印度政府的目光再一次落在了高等院校上。为进一步提升印度高等教育的实力，满足信息技术等第三产业发展的迫切需要，高等院校纷纷增设计算机相关学院，或开设与计算机有关的课程，培养标准向西方先进国家看齐，不仅在短时间内补齐了大量的计算机岗位空缺，也使印度软件行业达到了世界顶尖水平，印度高等教育的综合性和完整性也得到了很好的补充。政府在第三产业的投入很快收到了回报，计算机和软件有关行业呈现出欣欣向荣发展之势，从1984年拉·甘地政府提出政策到1985年政策实施一年的时间里，印度全国的计算机生产厂商从150家增加至300余家，并且所生产的计算机自主化程度不断提高；80年代末期，是印度软件业的主要增长期，印度软件发展趋于成熟，开始迅速占领国际市场，除1988年至1989年，其余年份的软件出口增长率都保持在40%左右。1990年至1991年增长率超过50%。到1994年，在印度实际注册的软件公司已经有600余家，这些公司所创造的总产值超过了5亿美元，计算机服务市场还在以每年约70%的速度迅速增长。

第三产业的发展使得高等教育需求持续扩大，政府在第三产业上的投资，特别是由信息技术牵引的服务业为印度带来了丰厚的经济收益，印度也进一步明确了优先推动第三产业发展的战略。在这期间，印度经济发展模式的转型创造了巨大的高等教育需求空间。从社会成员个体来看，普通民众对高等教育的需求有增无减，这是因为第三产业的发展给全社会带来了巨大的红利，1990年印度第三产业中仅印度软件的产值就超过了5000万美元，2004年上升至120亿美元，增长了200%以上，而 2006 年至 2007 年印度全年软件和服务外包总值已接近 400 亿美元，2008 年信息技术产业总产值更是达到了惊人的 800 亿美元。印度软件在世界市场上都有着举足轻重的地位，其客户遍布全球，主要以西方国家为主，62%软件出口额来自美国和加拿大，23.5%的出口额则来自欧洲。根据世界银行对各国软件出口能力的调查显示，印度是世界五大软件供应国之一，其中软件出口规模，质量和成本三项指标全球排名领先，是仅次于美国的世界第二大软件出口商。① 印度软件发展创造了巨大的行业利润，带动了第三产业和印度经济的整体发展，并提供了大量优质工作岗位。这些岗位多与信息技术有着密切的关联，与传统制造业和农业相关的工作相比具有高薪资的优势，并且主要从事脑力劳作，工作强度相对较轻，而胜任此类工作必须掌握计算机相关技术知识，其主要途径便是高等教育，众多家庭试图通过接受高等教育来获得此类工作机会，进而改善自身的经济地位。根据统计，印度 IT 产业部门中的高端人才大部分在印度理工学院等国内重点高等院校接受过教育，而产业中技术相对低端部分的人员则是多来自高等院校的附属院校。同时这一时期，印度政府也开始重视基础教育，在不同教育结构上的资金投入趋于合理化，但面对由第三产业迅猛发展带动起来对高等教育的需求，财政投入已经不能满足印度民众的需求，直接导致以营利为目的的私立学校兴起。此时，高等教育的发展不仅局限于公立大学数量的增长，更有办学类型的扩充，以私人投资为特征的民办大学在第三产业发展的浪潮中走向了人们的视野，社会成员对高等教育多样化的需求，不单包含高等教育质量、数量、类型的考量，同样包括适应市场、个性发展以及工作机会等方面的考量。高等教育发展与社会适应程度得到了加强，更好

---

① 杨思帆. 当代印度高校与高技术产业的联结研究 [D]. 重庆：西南大学，2010.

地满足人们在第三产业的发展下对新兴产业工作岗位的需求。以工程技术、信息科技、软件业等为亮点的实用学科人才的缺乏，使得高等教育在这一阶段大受欢迎。

从以上论述中不难发现，印度政府在 20 世纪 80 年代预见了第三产业中信息技术行业对发展未来印度经济的重要性，印度政府根据具体国情扬长避短，走出了一条以文化促动知识产业发展的信息化现代道路，在信息化经济的带动下，印度已逐步摆脱了农业经济的社会结构，步入了以第三产业占主导地位的知识经济时代，创造了一种在农业国家发展信息化经济的现代化模式。① 为进一步发挥第三产业的领头作用，印度政府将信息化经济的重点投向软件相关领域，合理利用国际经济协作与分工，利用国际竞争激烈碰撞的缝隙，实现对新市场的长远开发，主要依托高等教育良好的基础，联合科研院所、高等院校和相关企业为实现第三产业的发展贡献力量。印度高等教育在此过程中获得了新的活力，不仅加设了计算机软件专业课程，同时受到了政府的政策扶持和资金援助，最终在该学科领域的研究上走在了世界前列。随着第三产业的发展，所产生的巨大经济效应再次加深了印度对高等教育的需求，这是由人民的意愿和国家经济战略带动的，第三产业的发展给印度社会带来了巨大的利益，人民对高等教育在其中扮演的重要角色有了更深的认识，此时的高等教育发展已不再单纯关乎教育事业，而是与部分民众的切身利益画等号。印度政府同样也需要接受高等教育入学人数保持实质性增长，经过 80 年代后数十年扶持和发展，软件产业早已成为印度增长最快、最引人注目的经济部门，印度的第三产业整体也因此取得了举世瞩目的成就。作为印度民众的骄傲与代表，无论贫困或富有，发达的第三

---

① 张雷. 试论印度现代化的历史经验 [J]. 桂海论丛，2011，27（2）：67-70.

产业都或多或少汇集着印度不同阶级民众的国家认同感和自豪感。出于维护这一微妙的平衡以及维持优势产业自身的长期发展，政府都不得不更加倚重向高等教育，尤其是对计算机和软件相关专业的投入，最终导致"基础教育普及不力，高等教育人才辈出"这一独具特色的情况出现。

### 四、经济极速发展对人才的需求

独立初期，印度实行的是甘地经济发展模式，即立足印度社会实际，提倡发展农业和手工业等优势产业。1956 年后，尼赫鲁经济模式逐渐取代了甘地模式，产业发展重心由农业，轻工业转移至重工业和基础工业。尼赫鲁模式的提出奠定了以重工业为基础的印度经济建设和社会发展总基调，因而需要大量符合工业建设的科技人才。为更好解决人才空缺等问题，1958 年由印度科学家巴巴领导起草，尼赫鲁主持，国会审议并通过了《科学政策决议》，该决议是指导印度科学发展的纲领性文件，强调印度必须培养足够数量的科学技术人才，以最快速度执行人才培养计划，满足科学、教育、各产业和国防建设的实际需求。该决议对培养高级人才有明显倾向性，高等教育作为培养此类人才的重要手段得到了政府在经费和政策上的大力支持。

印度人才需求增加极大促进了高等教育的发展，一方面是独立后经济极速发展下基础工业建设的实际需要，另一方面同样也受到了六七十年代盛行的西方人力资源理论的影响。20 世纪 60 年代，美国经济学家西奥多·W. 舒尔茨（Thodore W. Schults）系统提出了"人力资本理论"。该理论认为，教育并不是一种单纯的消费行为，而是具有投资性质的行为，是通过提升劳动者科学知识和专业技能的方式，来达到提高劳动生产率，产生更高的经济效益；决定生产力发展的因素不仅包括物力资本，也包含人力资本，其中人力资本的增长会对经济发展做出更大的贡献。人力资本理论一经提出就在西方国家间掀起了轩然大波，众多国家对理论中关于教育对经济发展的正向作用进行了肯定，并依据该理论制定了本国教育业发展蓝图规划。印度国内也一定程度上接受了人力资本论中教育有助于经济发展的观点：1964 年在英·甘地政府的授意下，由 D. S. 科塔里教授任主席的科塔里教育委员会（亦称 1964—1966 年教育委员会）正式成立。科塔里委员会在 1966 年提出了名为《教育与国家发展》的报告，报告认为印度必须对教育在国家政治经济发展中的重要作用做出评估，一针见血地指出"如果国家发展的步伐要加深的话，就有必要制定一种很好解说的，大胆而富有想象力的政策，有必要采取决定性的激烈行动来改进和扩充教育并赋予教育活力。"[1] 该委员会肯定了教育在国家发展，经济增长和社会变革中的作用，重视开发人力资本和物力资本在国家经济发展中的重要意义，强调人力资本的重要性。1968 年，依据《教育与国家发展》报告，印度政府对教育体制进行了大踏步的改革，其中涉及普及免费义务教育等重要内容，这些改革举措为印度教育发展提供了政策依据。科塔里委员会在报告中体现的基本思想与西方人力资本论具有很强的相似性，从侧面体现了该西方人力资本理论对印度教育事业发展的影响。而人力资本理论详细论述了人才培养（人力资本）在经济发展中的重要性，在此基础上指出教育是培养人才的重要途径，加之印度经济极速发展下切实存在的人才需求，极大地刺激了印度政府对高等教育发展的迫切希望。在当时，包括印度在内的许多国家都一致认为，教育是国家政治与经济发展的关键因素之一，是通向国家"现代化"的大门。在印度大量资金被

---

① SHARMA Y K.. History and Problems of Education ［M］. New Delhi：Kanishka Publishers Distributors，2001：109-110.

投入教育之中，发展教育，尤其是高等教育已经被视为解决一切社会问题的灵丹妙药。

从人才需求角度上看，20世纪印度国内高等教育的蓬勃发展可以归结为国家经济建设人才的实际需要和人力资本理论的结合。近代以来，印度高等教育的发展非常注重高等教育质量的提升，努力实现从人口大国到人口强国的转变，获取人口红利。根据联合国经济和社会事务部在2019年发布的《世界人口展望2019：发现提要》报告显示，2019年中国仍是人口数量最多的国家，约为14.3亿，印度紧随其后，总人口数为13.7亿。报告称中国人口数量在未来逐年递减，而印度人口将继续增长，预计在21世纪20年代末期，印度人口总数将超过中国，成为世界上人口最多的国家。一方面，过快增长的人口给印度社会的经济发展带来了沉重的压力，很大程度上制约了印度经济的发展。但是从另一个方面来看，如果能够将人口数量的优势利用起来，印度在未来10年将拥有世界上丰富的人力资源。前任印度总理曼莫汉·辛格就曾多次提出所谓的"人才资本论"，即印度需要通过教育等方式，加紧人才培养，利用好人口红利，从现有的人口负担中寻找潜在的人才资本，这将成为未来印度发展的关键力量。

在此背景下，作为年龄在23岁上下，拥有世界上最多英语使用人数和高素质科技工程师，并且年均30万大学毕业生源源不断地加入工程师队伍的印度，正在大踏步地迈入人口红利期。事实上，在经历过20世纪80年代拉·甘地政府的经济改革和90年代拉奥政府的经济自由化后，印度逐渐走上了一条以科学技术为依托的知识密集型发展道路，第三产业中的软件、计算机和通信行业取得了骄人的成绩，进入了世界顶尖水平。印度国内相关领域的人才同样受到了众多国内外企业的追捧，对国内市场来说，印度第三产业发展环境好，造就了许多互联网公司的崛起，IT公司数量的增多必然导致对国内计算机人才需求的增加；而对国际市场而言，印度在以软件行业为代表的知识经济服务出口上有着得天独厚的优势，这主要是因为印度深受英国殖民的影响，英语成了该国官方语言之一，能够熟练掌握并使用的科技人才众多。除此之外，由于印度是典型的发展中国家，人才的薪资标准远低于西方发达国家，在软件外包行业中，印度雇员的工资平均为西方国家雇员工资的1/8。出于上述原因，印度的软件行业在国外市场占据了较大份额，而低工资高价值的印度计算机人才也深受国际互联网公司的青睐，人才需求也在逐年扩大。信息产业和外包服务是印度经济崛起的重要引擎，第三产业兴起所带动的人才需求与印度现代高等教育的发展紧密相连，面对国内外市场对印度科技人才源源不断的需求，只有通过专业教育进一步培养储备人才，才能确保印度经济长期处于高速发展的轨道。

早在1986年，拉·甘地政府就设立了人力资源开发部，它是由教育部、文化和旅游部、艺术部等多部门组合而成，其宗旨就是把印度全国初等教育、中等教育、高等教育和职业教育等各种类型的教育进行统筹安排。强调任何教育形式都是以培养人力资源为最终目的，对现有包括高等院校在内的所有人力资源开发机构进行评价，极力确保重点类型人力资源的开发。该举措促使了印度国内各部门和单位建立起人力资源开发机构，将高等教育与社会人才需求结合起来，促进了高等教育的有序发展。与此同时，同年颁布的《国家教育政策》，是印度近代以来用于指导教育的纲领性文件。文件认为，人力资源（高级人才）是第一资源，教育产业是战略产业，教育是提升国家实力和国际竞争力的核心要素，人才培养是国家发展的战略支柱；文件进一步强调，教育是经济发展之本，印度的未来必须立足于学校。《国家教育政策》指导着印度的高等教育快速发展，并将教育事业的发展提到了国家战略高度。为了全面发展印度整体教育事业，从根本上解决人才需求，印度政府在重视高等教育发展的同时，也根据实际情况，努力提升初等教育和中等教育水平，并取得了一定成效，1989 年至 1990 年印度初等教育的入学人数为 9730 万人，与前期同期 7160 万人相比增长了近 2600 万，无论是增长人数还是增长速率都为历史之最。而在随后的 1998 年至 1999 年间，初等教育入学人数首次突破 1 亿，入学率为 92.14%，比 1950 年印度建国时高出 42 个百分点。中等教育同样如此，无论是学校数量或入学人数都有较大幅度的增长。

初等教育和中等教育能够为人才资源的补充打下基础，但人口增长和人口红利的关联最终仍然需要通过高等教育来实现。印度政府深谙高等教育的重要性，制定了众多大学教育法和政策来直接帮扶和指导高等教育的发展：一方面是教育经费在印度国民经济的占比随着时间的推移不断升高，投入高等教育的经费比例高居不下，高等教育的数量自独立后与日俱增；另一方面，为培养出满足经济发展需要的高水平合格人才，印度政府在 20 世纪 60 年代初期起就陆续出台了一系列举措以优化高等教育的质量。1966 年大学教育委员会在《二十年高等教育综合发展规划》中提出了高等教育的二类目标，其中对高等院校的办学质量提出了要求和目标，主要包括：（1）努力提高教学质量，培养合格人才；（2）把教学和科研紧密结合起来，全面提高教学科研水平；（3）建立若干可以与先进国家媲美的科研中心，带动和促进国内的学术活动。[1] 1968 年，印度颁布的《国家教育政策》对高等教育质量提出了更高的要求，在"大学政策"中做出了如下规定：（1）建立新大学必须持非常谨慎的态度。只有拥有了充足的资金和确定了正确的标准，才

---

① 马加力. 当今印度教育概览 [M]. 郑州：河南教育出版社，1994：77.

能成立新的大学。① （2）要重视研究生课程的建设，同时也要提高培训和研究的水平。② 而为了引领高等教育发展方向与社会人才需求相契合，印度政府又在 1970 年和 1972 年修正《大学拨款委员会法》，为阻止高校数量过快增长，提升高校办学质量起到了一定的作用。

印度政府提出一系列人才培养计划促进了高等教育数量与质量的共同发展，基本适应了国家对信息技术人才的需要。在 20 世纪 80 年代"软件科技"发展的浪潮中，印度高等教育培养出了大批计算机人才，这些学生留学海外，学习国外最先进的计算机知识。学成归国后，这批人成为印度 IT 行业的领军人物，所创立的软件公司如雨后春笋短时间内迅速出现，为促进行业发展做出了贡献的同时，也促进了印度国内对人才需求的增长，这对高等教育具有一定的导向作用，推动了高等教育更快地发展。2002 年塔塔服务公司出版的《2001 年度印度统计概览》中以数据形式明确表明了人才需求激增的 20 世纪 80 年代以来，印度教育发展概况。其中 1980 年至 1981 年，印度高等院校包括普通高等学院、高等职业学院和大学，数量分别为 3421、1317 和 110，总数为 4840；初等学校的数量则为 49.45 万。在随后 20 年的发展中，两者数量都有大幅度的增长，截至 2000 年年底，高等院校数达到了 1 万余所，增长了一倍；初等学校数量为 64.17 万所，仅增长了三成。可以看到，无论是政府财政投入，满足人才需求的效用以及学校增长速度，印度的初等教育都是无法与高等教育相提并论的。进入 90 年代后，印度建成了世界先进的信息高速通道，也建立了一批世界上最先进的信息技术高

---

① SINGH A. Higher Education in India: the Social Context [M]. New Delhi: Konark Publishers Pvt. LTD, 1988: 32.
② 张双鼓，薛克翅，张敏秋. 印度科技与教育发展 [M]，北京：人民教育出版社，2003: 87.

等院校。印度软件业的异军突起，极大地刺激了印度国内的人才需求，国家对信息教育的倾斜投入，最终实现了高等教育跨越式的发展。丰富的科技人才和人力资本优势，帮助印度完成了信息产业结构的升级，也确立了印度在世界软件产业的主导地位。以人才需求为导向，通过重视高等教育，加强培养科技型人才，提高人力资源质量是印度政府现代化进程中伟大抱负的重要组成部分。对印度政府来说，这不单是加速印度经济的重要保障，也是迈入强国之列的必由之路。在将来科技发展，人才需求和教育事业紧密结合的过程中，高等教育无疑是受益最大的一方，而初等教育虽然同样在新教育政策的支持下取得了一定程度的进步，但仍然面临一系列问题：教育政策本身存在缺陷，对于如何改善初等教育并没有提出切实可行的改革政策，时至今日，中央并没有完全调动地方政府发展初等教育的积极性，邦政府对初等学校的建设重视程度远远不够，联邦政府提出的许多与初等教育相关的政策只能是纸上谈兵，满足人才需求最直接的办法仍然是从现有高等院校中培养。

# 第四节　社会影响

## 一、难以控制的人口增长

印度是当前世界人口增长最快的国家之一，也是全球少数几个具有清晰人口政策的国家之一。从国家有目的、有计划地调控人口发展的历史来看，印度是世界上第一个在全国范围推行家庭计划的国家。印度政府设定的国家人口政策长期目标是在成功降低死亡率的同时将总和生育率降低到2.1。尽管有多年的国民生育控制历史，但其人口规模控制目标始终无法达到政府的期望值。从印度国家"十一五"规划（C2007，2012）和千年发展目标（MDGs）来看，印度正在致力于将自己转变成一个发达国家。然而，庞大的人口数量及过高的人口增长率一直被视为国民贫苦并制约国家走向强大的社会经济根源。

根据印度人口普查结果，2011 年印度人口总数为 12.1 亿人，几乎相当于美国、印尼、巴西、孟加拉国和日本的人口之总和。印度人口占世界总人口的 17.5%，是仅次于中国（占世界人口的 19.4%）的世界第二人口大国。

自 20 世纪以来，印度人口持续增长。据统计，1901 年印度人口仅为 2.38 亿，1961 年上升到 4.39 亿，几乎增加了一倍。1991 年比 1961 年又增加一倍，达到了 8.46 亿。2000 年 5 月突破 10 亿大关，2001 年达到 10.29 亿。在其后的 2001—2011 年的 10 年里，印度人口又增加了 1.82 亿。① 据印度国家人口委员会技术小组对印度未来人口增长的预测，未来印度人口持续增长的趋势无法逆转。至 2016 年印度人口已经达到 13.26 亿，据联合国发布《世界人口展望 2022》预计，印度将在 2023 年成为世界上人口最多的国家，人口数量预计将在 2050 年突破 16 亿。

### 二、巨大的贫富差距

印度面临着贫富差距扩大等社会问题。贫富差距过大问题已经严重影响了印度经济社会的健康发展。印度产生贫富差距的基本原因可以概括为：

政府政策因素。全球化、自由化和私有化是印度新经济政策的主要

---

① 申秋红，印度人口发展状况与人口政策［J］．人口学刊，2014，36（1）

内容。新经济政策的执行，一方面加快了国家经济的增长速度，另一方面，拉大居民收入分配差距。即经济的全球化使印度农业受到致命打击，印度农村经济发展缓慢，从而加大了城乡差距。经济的自由化使得城市在资源分配以及发展机会等方面占有优势，这又导致城市发展速度远远高于乡村。同时，经济的私有化又极大助长了印度的贫富差距。

宗教和种姓制度。种姓制度是印度社会特有的等级制度，是造成印度居民贫富差距一个最特殊的原因。由于等级制度所带来的等级意识，使处在下层的人民有安于现状的心理，也就无法自发地打破贫富差距过大这一现状，反而使贫富差距越拉越大。此外，印度社会具有的浓厚宗教氛围，这使得很多印度人具有典型的宿命式的人生观，怀有这种人生观的人遇事喜欢听天由命和随遇而安，这也会助长印度的贫富差距。

印度在 19 世纪时，其财政一直不稳定。造成财政的不稳定有很多因素，而财政不稳定对于教育的影响尤其明显。

多维贫困指数（MPI）显示，目前印度大约有 55% 的人口处于贫困状态，即使在哈里亚纳邦、古吉拉特邦、卡纳塔卡邦等"富裕"邦，也有多达 40% 的贫困人口，全印度只有克拉拉邦的贫困人口比例低于20%。MPI 测算的印度贫困人口比例几乎是印度政府公布数字 29% 的两倍。

以印度北方邦为例子，当地的教育部门行政体系非常落后。这片地方上的居民对于教育异常冷漠，且保守，同时政府又缺乏教育经费。每年报告里都会涉及教育项目资金匮乏这样的问题，其他省份如孟买、加尔各答和马德里相对资金充裕一些。特别值得指出来的是在孟买，每千人所花费教育资金有 245 卢比，北方邦则只有每千人 80 卢比。有官员评论说"这个邪恶的根源毫无疑问是教育资助绝对匮乏，教育经费与印度其他部门所有事项的总花费额相比是最少的"。

### 三、多民族多语言的社会背景

印度次大陆有着巨大的地域和文化差异，有 1652 种语言①和几千种地域方言，语言十分丰富多样。麦考莱倡导英语作为教学用语，他认为："一个好的欧洲图书馆中的一个书架上面的书就抵得过印度和阿拉伯国家的所有本土文学。"他觉得当时的印度语言不够完整，不能清楚地表达思想，缺少科学词汇。甚至重要的书籍都不能译成印度语言。因此他十分摒弃印度语言和文学。同时他还建议将所有的梵语、阿拉伯语和波斯语的宗教书籍译成英语，然后学习宗教教义。这可以看出麦考莱对于印度文化和语言的轻视。把英语作为教学用语，在当时印度语言种类繁多和地方性语言较多的情况下，为之后印度殖民地教育的发展起着奠基性的作用，也为欧洲人传授西方知识减少障碍，在这一方面应该肯定英语的作用。

英语是高等教育和中等教育领域的教学用语。这在一定程度上能够在印度传播西方的先进思想和技术，但在印度，只有一些高阶层的人懂英语，所以先进的教育和知识也只能这些人享有。低阶层的人几乎没有机会接受教育，更不用说是英语和高等教育了。其次，殖民政府发展高等教育的目的主要是为自己的统治培养底层的官吏和办事人员，所以高等院校主要是关于文理方面的，而工程学院和农业学院的数量却极少。最后，英国殖民政府在印度实行的主要还是奴化教育，这是绝大多数殖民政府为巩固自己统治所采取的措施，但在印度，这一特点尤为突出。在印度人民的抗争下，殖民地政府也根据印度自身的状况对高等教育进行了改革，但这种改革的效果却是有限的。此外，独立前期印度高等教

---

① 张庆辉. 印度人口地理特征及其对经济的影响［J］. 世界地理研究，2004：104-106.

育的地区性差异也很大，殖民地时期高等教育在发展中存在的种种问题无疑为独立后印度政府推行高等教育改革增加了难度，就一定程度而言，也是随后高等教育一直难以健康发展的历史原因之一。

殖民地时期对英语的重视，再加上独立后印度复杂的语言状况，造成了语言成为高等教育改革中的一大障碍。此外，英国殖民者重视高等教育的思想，也是独立后印度政府重视高等教育而忽视初级和中等教育的原因之一。所以，一方面殖民政府发展高等教育促进了印度高等教育的发展，另一方面其弊端也为以后高等教育的发展埋下了隐患。英国殖民政府带给印度现代化的高等教育，从这一点说来，相对于其他亚非拉殖民地，印度发展高等教育的起点还是较高的。

### 四、全民信教与文化兼容

印度是一个多民族、多宗教国家，不同的教派之间的"不和谐音符"依然存在，导致教派纷争时有发生，严重影响本国经济社会的和谐发展。独立后，印度致力于构建世俗主义民主共和国，加强宗教共存教育，这在一定程度上缓解了印度教派之间的冲突，逐步构建不同民族、不同宗派群体的共存意识，推动印度国家和谐与稳定。

唐克军在《印度：养成平衡传统与民主品质》中主要讲到印度道德与公民教育的主题，印度民主教育的主要内涵及其传统价值教育的发展历程。① 在《印度公民教育的新进展》中对印度独立后灌输体现印度文化传统的道德价值进行深入探讨。② 史玉民等③指出印度通过制定政策注重提升公民的科学素质。汪长明等在《印度学校思想政治教育研

---

① 唐克军. 印度：养成平衡传统与民主品质 [J]. 中国德育，2012（10）.
② 唐克军，蔡迎旗. 印度公民教育的新进展 [J]. 教育评论，2007（5）.
③ 史玉民，韩芳. 印度公民科学素养发展概况 [J]. 科普研究，2008（1）.

究》中指出，印度思想政治教育本质上是对印度国民进行民族、国家、价值观、信仰与现代性等维度的认同教育，对于印度社会的道德塑造、思想整合与价值观统一，以及印度统一民族精神的形塑与国家认同的构建。① 在《印度思想政治教育研究——以学生为对象的考察》一文中，指出："印度思想政治教育包括塑造'印度民族'精神，培育印度国家认同，推行印度式核心价值观，提倡宗教共存，以及开展现代性教育等内容。"国家的认同往往与国家悠久的历史和灿烂的文化，诸如国家的诞生、民族英雄人物、奋斗的过程等息息相关。为了增强国民对印度的国家认同，印度教材还采取了一种对话的方式向学生阐述印度的悠久历史和灿烂的文化。

印度《国家课程框架 2005》中指出："社会科学承担着创造强烈的人类价值观的规范责任，即自由、信任、相互尊重和对多样性的尊重。社会科学教学的目标应该是培养学生的道德和精神能量，使他们对威胁这些价值观的社会力量保持警觉。"

印度学者瑞瓦·乔希指出："印度是一个非常多元化的国家，在许多层面上是无可争议的。这是一个拥有多种语言、文化、宗教和地区的国家。此外，基于性别、种姓、社会阶层和能力的不平等问题已被确定为教育的中心问题。"② 因此培养公民尊重、理解、欣赏印度文化的多样性意识是印度公民教育的重要目标。在印度教材中渗透尊重多元文化这一理念。以高小教材为例。在六年级政治教材《社会和政治生活》第一单元多样性要求学生了解印度文化的多样性，尊重印度文化的多样性。该单元第 1 课"和不同文化背景的人交朋友容易吗？""多样性为我们的生活增添了什么？""印度文化的多样性。""我们如何理解多样

---

① 汪长明，傅菊辉. 印度学校思想政治教育研究 [J]. 南亚研究季刊，2017（3）.
② 汪长明，傅菊辉. 印度学校思想政治教育研究 [J]. 南亚研究季刊，2017（3）.

性?""多样性的统一"。在本课中,首先讲述了两个不同文化和宗教背景的人的谈话,即一个穆斯林和一个印度教徒的对话,前者擅长英语,后者擅长印地语,两者互相帮助,最后成为朋友。在书中对于印度文化多样性,设计一个表格,表格内容关于"人们祈祷的不同方式""人们的结婚方式不同""人们穿着的不同方式""人们互相问候的不同方式""人们煮饭的不同方式"。在书中展示了"拉达克多山沙漠的干燥贫瘠风景""女性织羊绒披肩""喀拉拉邦以划龙舟庆祝阿南节日"。"印度人民剧院协会的《别忘了血的日子,我的朋友》的歌曲"文字资料、"尼赫鲁发表独立日演讲"图片、"尼赫鲁在《印度的发现》中提出的多样性的统一"文字资料等资料客观上展示印度自由斗争中出现的歌曲和符号不断提醒着国家尊重多样性的传统。第2课由了解文化多样性深化到多样性和歧视,包括"差异和偏见""创建刻板印象""不平等和歧视""在被歧视""争取平等"这几个板块。"世界上有八大宗教。其中每一个都在印度实行。我们有超过 1600 种语言是人们的母语,有超过一百种舞蹈形式"。"偏见意味着对其他人进行消极判断或将其视为劣等。当我们认为只有一种特定的方式是做事的最佳和正确的方式时,我们往往最终不尊重他人,他们可能更喜欢以不同的方式做事。例如,如果我们认为英语是最好的语言而其他语言并不重要,那么我们就会对这些其他语言进行消极判断。因此,我们可能不会尊重说英语以外语言的人"。"我们可以对许多事情产生偏见:人们的宗教信仰,他们的皮肤颜色,他们来自的地区,他们说话的口音,他们穿的衣服,等等。通常,我们对他人的偏见是如此强烈,以至于我们没有希望与他们建立友谊。有时,我们甚至可能以伤害他们的方式行事"。"希拉迪尔的漫画:你为什么害怕牵着我的手"描绘残疾人在现实生活中的遭遇。"刻板印象阻止我们将每个人视为一个独特的个体,他或她拥有与其他人不同的特殊品质和技能"。"当人们对他们的偏见或刻板印象采取行动时，歧视就会发生。如果你做了什么让其他人失望，如果你阻止他们参加某些活动和从事工作，或阻止他们住在某些街区，防止他们从同一个井或手泵取水，或不允许他们在用与其他人一样的杯子喝茶，你是在歧视他们"。"关于穆斯林的一个常见的刻板印象是，他们对教育女孩不感兴趣，因此不会送女孩上学……贫困而不是宗教是导致穆斯林女孩不上学的原因"。"这些领导人在宪法中提出了一个愿景和目标，以确保印度所有人都被认为是平等的。所有人的这种平等被视为将我们所有人团结为印度人的关键价值。每个人都有平等的权利和机会。人们可以自由选择他们想做的工作。政府工作对所有人开放。此外，《宪法》还规定政府有责任采取具体步骤，实现穷人和其他边缘社区的平等权利"。"印度成为一个世俗的国家，不同宗教和信仰的人可以自由地实践和遵守他们的宗教，而不必担心受到歧视。这被视为我们团结的一个重要因素。我们所有人共同生活，互相尊重"。在 7 年级政治教材第一单元印度民主中的平等中，"在一个民主国家，如印度，所有成年人，无论他们属于什么宗教，他们有多少教育，他们是什么种姓，或者他们是富人还是穷人都可以投票"。第三单元第 4 课中谈道："平等是我国宪法的一项重要原则。宪法规定，男性或女性不应成为歧视的理由。"在 1 年级政治教材第一单元第 2 课中，"为了与所有人的宗教自由观念保持一致，印度还采取了分离权力和国家权力的战略。世俗主义指的是宗教与国家的分离"。第四单元第 7 课理解边缘化问题，"被边缘化的是被迫占据边缘或边缘，因而不是处于事物的中心。这是你们中的一些人可能在教室或操场上经历过的事情。如果你不像你班上的大多数人那样，也就是说，如果你对音乐或电影的喜好不同……那么你很可能不会被同龄人接受。因此，通常情况下，你最终会觉得自己'没有'——

好像你说的，感觉和思考以及你的行为方式对他人来说是不正确或不可接受的。"第8课面临边缘化援引宪法，"宪法"第15条规定："印度公民不得在宗教、种族、种姓、性别或出生地方受到歧视。"①

从上述政治课程内容安排来看，印度政治课程包括政治、历史、文化、法律、经济等方面的丰富知识，从内容的编排上看，印度政治课程以践行印度公民教育为主旨，以公民的基本权利和义务、印度的多元主义、世俗主义为主线，始终以培育学生"爱国、平等、自由、博爱、民主、世俗主义、公正、法治"等核心价值为目标，强调学生的社会性发展建立在他们认识社会、参与社会的基础之上。

### 五、文盲率过高的国情导致难以实现过高的目标

印度作为一个人力资源大国，一方面高级人才众多，同时又是文盲率最高的国家之一。尽管独立以来的人口统计显示整个印度人口的总识字率在不断提高，但是经过长达半个世纪的教育发展，印度仍未成功消除文盲问题。2011年人口普查结果显示，印度人口识字率提到74.04%，但仍有1/4的文盲。而印度人口激增与弱势群体特别是妇女受教育机会的可获得性有很大的关系。印度的几个人口大邦，包括印度东部和南部地区在内的很多邦，家庭计划难以有效落实的主要原因在于，妇女绝大多数是文盲，在经济和情感上又严重依赖她们的丈夫、父亲或者家庭成员中的年长男性。1974—1975年，像哈尔邦、拉贾斯坦邦、北方邦这样的北部地区，生育3个以上孩子的已婚夫妇采取生育控制方法的比例仅在5%～10%，而在识字率相对较高的古吉拉特邦和卡纳塔克邦，这个比例却已经达到了20%～49%。

---

① 李慧. 印度社会科课程中的公民教育研究 [D]. 武汉：华中师范大学，2019.

联合国教科文组织 2014 年发布的报告显示，印度是世界上文盲人口最多的国家，成年人文盲人口达 2.87 亿，占全球文盲人口的 37%。该组织驻印度办事处认为，教育危机将对今后几代人产生不利影响。报告说，虽然印度的识字人口从 1991 年的 48% 上升到 2006 年的 63%，但由于人口增长，印度的文盲人口数量没有减少。2021 年，印度内政部长阿米特·沙阿在接受采访时说"印度的 2.8 亿成年人文盲是国家的一个沉重负担"。

1835 年 3 月，威廉姆·本廷克总督接受了麦考莱的教育观点，在殖民地教育所做出局部的调整：在印度人之间传播欧洲文学和科学，教育经费只能用于发展英语教育，以后东印度公司禁止向东学派师生资助，教学用语为英语。以孟加拉邦为例可以窥探这一时期的教育状况，在马德拉斯地区，每个村庄都有一所小学，学生人数较少，在 1250 万的总人口中，只有 18.8 万人达到阅读水平[①]，而且学生以男生为主。女学生一般在家里接受简单的读写和数学，女性受教育的机会很渺茫，这一情况在孟加拉地区有所改善，在孟加拉地区有专门为女性开办的女子学校。据统计，孟加拉地区在 19 世纪 30 年代共开办 6 所学校，一共有 214 名女生。

在今天的现代文明世界，很多国家和地区早已实现男女地位的平等，女性与男性享有平等的权利，以及实行相同的义务，男女地位平等，在我们眼中看似习以为常的事实，在现如今的印度仍然存在歧视女性、女性地位低于男性的现象。相比男性，女性的学习机会仅是家庭教育和以基本读写和算术为主的小学教育。在殖民地早期，女性更是被排除在高等教育之外，且低种姓女性没有接受教育的机会。

--------

① 王长纯. 印度教育 [M]. 长春：吉林教育出版社，2000：71.

# 第四章

# 独立后印度国民教育特殊发展
# 路径下取得的成就

## 第一节　创建了以印度理工学院为代表的世界一流大学

　　印度的大学可以分为四个类型。大多数属于综合性大学，由大量学院组成，这类大学中规模大的学生人数已经突破 20 万。加尔各答大学、孟买大学等十余所大学的学生人数都在 10 万以上，这些综合大学中有多所在世界上名列前茅，成为世界一流大学。专业大学属于第二种类型，如阿拉哈巴大学、勒克瑙大学等。第三种类型是农业大学，它们分布在各邦并由各邦管理。1947 年印度独立时，尽管已拥有 18 所大学和636 所各类学院，入学人数也有 22.5 万人。但还没有专门的农业大学，仅有的 17 所农学院，每年招生的农科学生人数不超过 500 名。独立后，印度政府把农业教育看成发展农业不可分割的一部分，兴办了许多各级各类农科大学（含林业、渔业、兽医、园艺及奶业技术等）和农科类院、校，构筑了结构独特、规模庞大的高等农业教育体系。第四种类型是理工大学，20 世纪 80 年代后期以来，为了适应国家经济建设的需要，更多的理工大学应运而生，有些理工大学以培养一流计算机人才而著称。

印度理工学院创建于 1951 年，是由印度政府所建设和组成的七所自治工程与技术学院，在学术界具有世界声誉，被称为印度"科学皇冠上的瑰宝"，是印度最顶尖的工程教育与研究机构。它是按照麻省理工学院的模式创办的。

在全国共设有 7 所校区，分别是：德里（Delhi）理工学院、坎普尔（Kanpur）理工学院、卡哈拉格普尔（Kharagpur）理工学院、马德拉斯（Madras）理工学院、孟买（Mumbai）理工学院、瓜哈提（Guwahati）理工学院和卢克里（Poorkee）理工学院。1963 年，根据国家技术院校（修正）法案，印度理工学院被列为国家重点院校，并赋予独立的学术政策、独立的招生及学位授予权。

庞大的社会需求使印度理工学院得到飞速发展，位于孟买以及古瓦哈提蒂等城市的其他理工学院也纷纷扩招，每年源源不断地为企业输送世界一流的软件人才。印度理工学院 IT 教育的发展源于时代所需。20 世纪 80 年代后，世界信息技术的革命浪潮如火如荼，印度人也清醒地认识到要想尽快自力更生，提高国际竞争力，就必须紧跟时代步伐，发展信息产业。正如当时被称为"计算机总理"的拉吉夫·甘地所说："我们错过了工业革命那班车，但不能错过这第二班车，即电子革命或称计算机革命。现在我们必须紧跟这班车，追上并跳上去。"① 于是印度政府便想方设法为 IT 业的发展开辟通道，并将这一重任交给了印度理工学院。自此，印度理工学院便以 IT 教育为首任，开启了 IT 人才培养模式。历经数年探索，如今的印度理工学院已成为 IT 人才的代名词，其所培养的 IT 毕业生也已誉满全球，成为世界顶级 IT 公司炙手可热的

① 林承节. 印度信息产业与现代化模式 [J]. 科学与现代化，2005：35-43.

人才。2000 年，印度从事软件行业人员有 25 万人，其中 8 万人直接向欧美客户提供技术服务，而这 8 万人中大多数毕业于印度理工学院，在美国高科技企业集中地硅谷 2000 多个新成立的企业中，约 40% 的企业是由印度人开办的，这当中又几乎有一半是印度理工的毕业生。在2006 年《泰晤士高等教育》全球大学排行榜上，印度理工学院名列全球前 50 名，工科排名全球第 3，仅次于麻省理工学院和加州大学伯克利分校。在 QS 世界大学排名中，孟买分校从 2007 年的 269 位迅速攀升至 2008 年的 174 位，2009 年升至 163 位，2010 年更是达到了 154 位，在短短 3 年时间里晋升了百余位。2009 年，QS 首次推出了专门针对亚洲地区的大学排行榜。前 50 名中，中国内地有 7 所高校，印度则有 5所高校，且全部为印度理工学院的分校，其中印度理工孟买分校位居第38 位。

印度理工学院的成功不仅仅是因为得到了政府的大力投入和社会各界的大力支持，同时也有赖于自身先进的管理体系。

### 一、大学相对政府宏观自治，学院相对大学微观自治

世界一流大学无不具备"双重自治"的结构特征。印度理工学院能够在较短时间内成为世界一流大学，得益于选择并践行了大学"双重自治"结构。

在宏观自治方面，印度政府多次修订《印度理工学院法案》，依法让渡大学管理权限，吸纳社会力量深度参与大学治理，形成了政府、社会和学校"三角协调"模式。

在微观自治方面，视察员、印度理工学院理事会、分校管理委员会及评议会合理分权、统分结合，实行"三级协同"治理。宏观自治提供外部治理环境，微观自治创造内部治理效能，两者相互依存、相互

促进。

对标印度理工学院，我国建设世界一流大学的关键在于推进大学"双重自治"。具体而言，政府深化"放管服"改革，自上而下地赋予大学独立法人地位；学院完善内部治理体系，自下而上地促进"学院办大学"；政府、大学和学院上下协同，逐步建立中国特色、世界水准的"现代大学制度"，加快我国世界一流大学建设步伐。

## 二、印度理工学院多中心治理结构

印度理工学院自建校之始就是教授治校，民主自治到现今的政府干预严重，市场机制渗入，如何协调政府、学校和社会三方权力与资源的配置关系到其捍卫世界一流大学地位。因此，印度理工学院的多中心治理结构，正效益在于其结构的稳定性与合理性，关键在于印度政府、学校和社会三者在持续博弈中寻求到平衡。具体表现为：国家利益与学校利益的平衡，学术与行政权力的博弈，政府规制与市场调控的融合，学校发展和社会需求间的调适，通过权力互动实现政府、高校和社会三方资源的最佳配置。

深化教育领域综合改革，加快推进教育治理能力现代化，成为目前我国高等教育体制改革的重中之重。我国现行的高等教育管理体制的建立背景是高度垄断，高度集权的计划经济体制，其重要特征便是政府对高校实行严格的计划管理和行政干预，高校缺乏办学自主权，难以实现高等教育资源的优化配置和办学效率的提高。

## 三、印度理工教育内外部治理变革

从以上的剖析中，或许我们可以理解，为什么当今的世界舞台上，印裔的人才能够具备这么强的竞争力，受到这么高的肯定。即使印度教育的不公平饱受诟病，隐藏在不公制度背后的亮点，也自有其可取之处。

其一，通过多元"共治"走向教育"善治"。高等教育是印度教育的名片，印度理工学院是印度高等教育的领头羊。印度对高等教育的治理进行了广泛探索，其治理变革在印度高等教育的跨越式发展中发挥了重要作用。印度理工教育治理进程的核心即不同利益相关者权力结构的演变。在经历殖民控制、集权管理、逐步分权和多元共治的四次变革后，印度理工等高等教育最终形成了政府、大学、市场、社会共同参与的治理体系；其治理结构由外部（政府、市场、社会相结合）和内部（大学自治）两部分构成，契合教育治理"多元主体""合作""共治"的本质要求。印度高等教育治理的基本逻辑回答了治理的起点、内容和目标等问题。大学"自治"是印度高等教育治理的逻辑起点，多元"共治"是治理的逻辑核心，通过多元"共治"走向教育"善治"则是印度高等教育治理的最终落脚点。

其二，印度理工教育外部治理变革。20世纪90年代以来，印度理工教育领域发生了走向"善治"的变革，政府与高校之间的单向驱动关系，正在被政府、市场、社会与高校之间更加错综复杂的多向互动关系所取代。政府通过政策制定、绩效拨款和质量保障等方式实现职能的转变，逐渐从微观管理转移到宏观调控上来；政府体制内部实现了垂直分权，中央政府与邦政府在高等教育领域的权责有了进一步划分，邦政府在高等教育治理中的角色和地位有所加强；市场力量已经渗透到供需关系调节、院校结构调整、院校资源配置中；社会参与度扩大，非政府组织发挥着重要作用，高校与企业的合作也得到加强；大学获得了一定的自主权，少量学院摆脱了对大学的依附地位，同时政府对所有高校的问责正在加强。

# 第二节 培养了一批世界顶尖科技人才

具有"计算机总理"之称的印度总理拉吉夫·甘地于 1986 年上台后，就表现出远见卓识，明确提出要在高等教育中大力发展计算机产业。1991 年拉奥政府又制定了一系列计算机出口，特别是软件出口产业发展的政策，使信息技术的优势得以延续。1998 年时任总理瓦杰帕伊明确提出，要把印度建成一个名副其实的信息技术超级大国。在国家优惠政策指引和法律的保障下，印度软件业异军突起，成为印度经济领域发展最快的部门。在过去的 5 年间，它一直在以 50% 以上的年增长率向前迈进，2000—2001 年度，产值达 83 亿美元，其中出口产品总值达 62 亿美元。近年来，软件业已成为印度增长最快和最重要的出口行业，印度已经成为软件超级大国。

## 一、"激励追求科学研究创新"计划培育科研人才库

出于对大量科技人才的渴望，印度科技部于 2008 年 12 月 31 日启动了科研人才奖金旗舰计划——"激励追求科学研究创新"（INSPIRE），该计划于 2009 年正式实施。INSPIRE 奖学金的最根本目标是试图从儿童心智发育的早期就吸引其从事科技事业，建立少儿、青年与科技研发的沟通桥梁。该计划的特点有三个：一是涵盖年龄跨度大，计划资助对象的年龄跨度为 10 岁到 32 岁，并分为 10~15 岁、16~17 岁、18~22 岁、23~27 岁和 28~32 岁五个年龄群。二是投入力度大，获奖人数多。2013 年就有 104.1 万学生获奖。三是针对不同年龄阶层设计合理的奖励级别，糅合了激励人才和选拔人才的双重机制。也就是说，该奖金针

对少儿人群的授奖人数多、奖金额则较低，注重发挥奖励对少儿的激励效应；而针对以科研为职业的人才奖励则更具有精准扶持人才的性质，奖励金额相对较高。

"激励追求科学研究创新"主要包括三个部分：

（一）早期吸引科技人才项目（SEATS）：该项目旨在为100万名10~15岁的学生提供 INSPIRE 奖学金，以吸引天才少年学习科学，体验创新的乐趣，平均每人获得的奖励约合人民币520元。此外，还通过"INSPIRE 实习"计划，每年帮助5万名年轻人在100多个地点参加冬令营或夏令营，让那些在初中考试中成绩出类拔萃的学生有机会接触全球科学领先者。

（二）高等教育奖学金（SHE）：设立该奖学金的目的是吸引优秀的青年人在高等教育阶段进入科学密集型专业领域。该奖学金每年为18~22岁的优秀青年提供1万个名额，平均每人可获得8万卢比（约合人民币8000元）的奖学金，以支持他们在自然科学和基础科学领域接受学士和硕士教育。年轻学者通过参与这种短期研究项目，可在其职业早期就接触到研究工作。

（三）有保障的研究职业（AORC）：此项目旨在为23~27岁的从事基础和应用科学（包括工程和医药领域）研究的青年人提供"INSPIRE 博士奖学金"，以利于吸引和培养青年科技人才，强化印度的研发基础。它还希望通过"INSPIRE 教员计划"确保博士后研究人员能顺利度过职业生涯最困难的扎根期，避免人才流失。

## 二、资助女性科研人员

长期以来，增加科技领域女性人才的数量、保证女性获得适当的奖学金资助、赋权于女性科研人员，一直是印度科技人才政策的主题和重点之一。2003 年，印度科技部推出了"女性科研人员资助计划"（Woman Scientist Scheme，WOS）。其中"女性科研人员资助计划 A"（WOS-A）主要致力于帮助因攻读学位、进修等造成科研生涯有所中断的女性科技工程人才完成学业并回到职场。"女性科研人员资助计划 B"（WOS-B）是专门为提高民生科技领域（养蚕业、农业、渔业、纺织业、手工业等）的女性人员技能而设立的，在印度"十二五"规划期间受到了格外重视。"女性科研人员资助计划 C"（WOS-C）则专门支持利用专利、知识产权等进行自主创新创业的女科研人员，资助的方式主要是提供培训课程、帮助创业。2015 年，印度科技部启动了"光芒"（KIRAN）计划，KIRAN 是知识、参与、研究、培育、进步这五个英文词的首字母缩写，其目标同样是支持女性取得科研领域的杰出成就；对象主要是那些因为种种原因被迫中断科学生涯的女性，让她们可以留在职场。

### 三、设立多项侧重培养科技人才的计划

#### （一）面向杰出科研人才的计划

这类计划主要是面向印度本国和海外印度裔高级科研人员所开展的。例如，印度杰出研究人员计划。同时，还设立了专门奖励女性杰出研究人员的相关计划。再如，印度政府先后设立了多项激励攻读博士学位和博士后的科研计划，为推动博士研究生尽早介入企业进行研发工作，印度科学工程研究委员（SERB）于 2012 年推出了"攻读博士学位研究生总理计划"，拟吸引 100 位博士生，资金来源为政府和相关企业各一半，学生攻读博士学位的方向即企业研发方向。在激励海外人才和海外博导等方面，印度政府设立了拉马努金奖学金（The Ramanujan

Fellowships），主要面向获得印度科研教职岗位的印裔和非印裔科学家，奖励持续 5 年，受奖人每月将得到 7.5 万卢比（约合人民币 7300 元），同时还将获得 50 万卢比的资助。

（二）面向科研人才再利用的计划

为了克服师资短缺问题，印度科技部推出了一项科研人员再利用计划（USERS），旨在利用已届退休但仍十分活跃的科学家，充分借助离退休老专家的经验和能力来填补现有人才的缺口。与此同时，印度政府还十分重视对政府机构科技人员的培训。印度科技部认为，在目前不断变化的全球环境中，必须有一项全面、综合的培训计划，面向在政府和政府机构中工作的科学家和技术专家，进行日常管理、金融管理、公共管理等实用知识，以及跨学科、超级专门学科和多学科领域等专业知识的培训。印度科技部与人事、信访和退休金部下属的人力培训部门（DOPT）从"十五"时期就合作推出政府内科技工作人员培训计划，一直延续至今。

# 第三节　国家科研实力得到空前加强

由于高等教育的大发展，印度每年约有 20 万名理工毕业生，它拥有近 6000 所高校，近 2000 所科研机构，约 350 万人的科技队伍，有 6 名印度人获得诺贝尔奖，具有强大的科研实力。印度还具有比较完善的科研基础设施，正在形成科技成果化为生产力的有效机制。在许多高科技领域处于世界前列，尤其是在计算机研制和软件开发方面居于领先水平，如印度研制的每秒钟运算 10 亿次的计算机，由于价格和性能均优于各国的同类产品，20 世纪 90 年代中期开始向德国、加拿大等国家出口；软件业发展迅速，2000 年出口量占全球市场份额的 30%，约为 63 亿美元，举世闻名的 HOTMAIL（免费电子邮件系统）就是印度科技人员始创，以 4 亿美元价格卖给微软公司的，比尔·盖茨在考察印度后惊呼"印度将会在 21 世纪成为软件超级大国"①。

印度在科研产出方面表现相对均衡，科研能力（学术论文）优势分布在化学、药理学与病毒学、农业科学、材料科学、微生物学、物理学、工程学、植物和动物科学、地球科学、生物学和生物化学等领域，表现出科研工作及优势的多样化特征，科研专注度较广泛。印度的科研优势领域与经济影响力优势领域有所差别，除制药业既是科研产出优势领域也是专利优势领域外，印度的专利申请数量主要集中在计算机/电子、机械和化工 3 个领域，但与全球各领域的专利申请进行整体比较，印度的制药和有机精细化学领域占全球同领域比重较大，且表现明显优于计算机/电子和机械领域。印度科研产出（学术论文数量）的优势领域为化学、药理学与病毒学、农业科学、材料学，而科研影响力（学术论文质量）的优势领域则为工程学、物理学、计算机，两者不相匹配。该差异也反映出印度政府在依靠科研投入来引导经济和社会发展方向的能力较弱。

印度的软件制造及相关服务快速发展，出口量迅速增长，已经成为世界软件外包行业第一大国，仅次于美国的软件出口第二大国。印度全国软件及服务公司协会统计显示，整个 20 世纪 90 年代，印度软件产业每年以 46.5%~66.5% 的速度增长，远远超过了世界软件业 15% 的年增长速度。2006 年印度信息产业和外包总产值达到 296 亿美元，其中出

---

① 朱慎敏. 印度近现代高等教育发展的特点及其趋势 [J]. 世界教育信息，2007 (10).

口就占到 236 亿美元，比上年增长了 33%。现在印度占据全球软件市场 65% 的份额和服务外包市场四成的份额。以生物制药为主的生物技术产业迅猛发展，已成为印度推动科技腾飞的另一前沿领域。除了软件技术和生物制药技术外，印度在精密制造、核能应用、航天、信息通信等方面也具有较强的技术实力。

## 第四节　推动了国家经济的快速发展

印度独立前在殖民统治下工业发展十分落后，独立后新政府实行新的工业经济政策，即加速工业化、扩大国有企业和小型工业、发展落后地区工业等，而高等教育的大发展为工业经济的发展提供大量急需的高级专门人才和生产第一线所需的建设者。尤其是工科院校、科技大学等走在经济发展的前列，从而使得印度在独立后的几十年中工业迅速发展，许多重工业、基础工业、化学工业从无到有、从小到大，逐渐形成初具规模的工业体系，如印度的设备自给率从独立初不到 10% 上升到近 90%，不仅国内市场上的绝大部分消费品可自行制造，而且还可制造飞机、导弹、人造卫星、原子能发电等高新技术设备，印度工业生产到 1966 年就比 1955 年增加了一倍，到 20 世纪 70 年代末已跃为世界第 10 工业国，到 90 年代末印度总体经济实力已名列世界第 7。

通常来说，教育对经济增长的作用主要表现在两方面，一是生产效应，二是环境效应。普遍来说，人们所接受的教育程度越高，其所获得的知识以及技能也会越高，而高技能、高学识的人会更容易、更快地工作。因此，在相同的时间里，他们会更容易精确地完成更多的工作。根据劳动力市场上的薪酬表现，我们可以得知，教育程度高的劳动力会因为其工作业绩的出色而获得较高的收入。另一方面来说，教育可以提高人类的生活以及社会经济环境，进而提高人类的生活质量。

## 一、培养人才推动经济发展

印度天然的多元化社会环境是培养其优秀的国际化人才的良好土壤。印度的教育制度也在有意识地去培养公民多元化的价值观以及他们的沟通能力。印度实施的精英战略对其高层次人才的思维有很大影响。尽管在宏观水平上印度的经济发展水平不如中国，但其微观经济的活力以及效率则都要远远高于中国。印度现代高等教育的飞速发展为其经济的腾飞培养了一大批软件科技人才，从而提升了国家的科技竞争力。印度发展现代高等教育为其科技进步建立了源源不断的人才"蓄水池"，并直接进行科研活动。印度公司在其软件行业、航空以及生物制药等都处于世界顶尖之上。尤其是印度的信息技术产业在近年来所取得的惊人成就等都显示了印度高等教育的成功发展。印度高等教育的精英教育模式和其经济的跨越式发展模式都让世人感到震惊。印度的精英教育的成功还表现在其 IT 职业教育方面。印度注重培养他们学生的实践能力，在实践中遇到问题并以此作为基点来学习其专业理论知识。

在早期英国殖民统治的影响下，印度的高等教育走向了国际化的道路，而其国际化则不仅体现在其教育制度上，还体现在他们的教育理念以及教育水准上。目前来说，印度大学基本上都实行双语教学，其教材也与西方一些国家的大学是通用的，教育体系亦与西方大学一致。印度精英教育所培养的毕业生不仅专业素质高，语言沟通能力也过强，这都使得印度的高层次人才在国际市场上备受欢迎。印度杰出的工程师、教师以及医生等广泛地分布在世界各国。美国甚至有 1/3 的软件工程师是印度人。印度的经济是以知识经济为基础，印度高等教育培养了大批工程师，在印度所产生的工程师有 50 多万，印度也日益成为一个信息技术汇集的地方。印度在高等教育方面的成功实施，使得印度杰出的人才能够更好地为经济发展做贡献。

**二、科技发展带动经济腾飞**

印度现代高等教育的发展不仅有力地推动了印度科技的不断进步，更是为印度的科技腾飞也安上了日渐强大的加速器，最终加速了印度的经济发展。因而，印度的现代高等教育发展被认为是其新经济的孵化器，也更是其新经济崛起的重要基地。印度高等教育的成功对其科技的影响力显著。科技是第一生产力，因此，任何科技的进步也都会提高生产力水平的发展，进而在一定程度上也推动经济的增长。印度在原子能的研究以及空间、大型计算机、生物等技术领域的发展非常迅速，然而其在软件业所取得的成就才是更好地促使印度成为世界上唯一的依靠脑力劳动力起步的发展中国家。尤为突出的是自 1980 年以来，以信息技术为核心的软件技术产业发展迅速。人才是软件产业的决定性要素，要想推动信息产业的发展，就必须重视对科技人才的培养。印度正是深知这一点，因此对其高等教育的发展非常重视。尽管印度的基础教育非常薄弱，却由于政府对高等教育的重视，使得印度的高等教育在发展中国家非常突出。基于其高等教育的发展，印度拥有大批精通英语的高水平的科技人才，这也就使得印度成为世界上拥有科技人才最多的国家之一。印度早在 20 世纪 50 年代的时候就按照麻省理工学院的样子，建立起了他们自己的理工学院。这些学院制度非常严格，教师资源非常雄厚，因此，他们所培养的学生支撑了印度软件业的发展。其信息技术渗透于印度的工、农、服务业等各个经济领域，大力地促进了印度经济领域以及经济规模的扩大，并成功地提高了印度的劳动生产率和工作效率，从而也加速了印度的经济增长。经济的腾飞主要是由于其所拥有的高技术含量的新兴服务类企业所引领的。而正是信息技术领域的迅速发展才带动了印度整个经济的提升。

正是得益于印度高等教育的发展，为印度培养了大批优秀人才，从而也使得世界上许多著名的信息技术企业都非常看好印度的人才资源，并相继地在印度建立了研究以及开发基地，这也就为印度经济的高速发展创造了良好的环境。

# 第五章

# 独立后印度国民教育特殊发展
# 路径下存在的问题

## 第一节　高等教育发展中存在的问题

### 一、普通大学教育质量堪忧

印度在 1947 年独立前，只有 20 所大学，综合教育学院 496 所，技术教育学院 38 所，在校生 21.5 万人。印度从英国控制的桎梏中解放出来后，急于改变落后面貌，把发展高等教育置于重要地位，使高等教育规模迅速扩大，表现在入学率、在校生数、毕业生数、学校数逐年近乎成倍增长。2011—2012 年度，印度有 2850 万学生接受高等教育，拥有 642 所大学、34908 所学院和 11356 所其他高教机构。总的来看，印度在高等教育方面取得了举世瞩目的成就。然而，印度高等教育在发展过程中的现状却不尽如人意，大学教育的质量差强人意。

尽管一些高校享誉世界，尤其是像成立于 1857 年的孟买大学、加尔各答大学和印度马德拉斯大学，以及印度工学院和管理学院这样的大学，但是印度没有一所大学在国际高等教育信息机构（Quacquarelli

Symonds）和泰晤士高等教育（THE）发布的世界大学排行榜中进入前
200 名。"印度高等教育的真正的问题是质量。"① 媒体创始人兼董事总
经理帕玛斯·辛哈表示。一项对比研究项目显示，中国高等教育机构的
表现比印度大学优异 3 倍。这暴露出两个亚洲大国在高等学府水平上的
巨大差距。该调查成果发表在 2012 年 3 月 25 日的印度《现代科学》杂
志上。印度《德干先驱报》援引印度国家科学通信和信息资源研究所
发表的分析报告称，具有博士生培养能力的 20 所印度顶尖高等教育机
构的水平远远落后于同样作为博士生培养机构的中国大学与研究所。此
番对比参考了中印双方的研究成果数量和三项质量参数。作为中方领头
羊的北京大学的成绩几乎比印方领头羊印度科学研究所优秀 3 倍。②

究其质量下降的主要原因大致有这些：

第一，由于基础教育十分薄弱，加之高校招生数的过度扩大，高校
的生源质量不是很好（当然，少数名牌高校生源情况是好的），直接影
响高校学生的学业成绩。在印度多数高等学校中，"失败率"是极高
的，这几乎成了印度高等教育形影不离的显著特点之一。在每 100 名考
文学士学位的学生中，只有 40 名能够及格，而在及格者中，只有 2% 能
获得一等成绩。在每 100 名考理学士的学生中，也仅有 40~50 人能及
格获得学位，研究生能最后获得学位的只有 70%~80%。通过对文学
士、商硕士、理学士（农）、法学士、教育硕士、文硕士、理学士、理
学士（工）八个学科 1962 年与 1949 年的学生及格人数比较得出：大多
数学科及格人数在显著下降，只有少部分学科及格人数略有增加。

第二，印度独立以后，要急迫地发展高等教育，但又由于经济所

---

① 克莱尔·肖恩. 印度将成为国际高等教育第一市场 [N]. 中国科学报，2015-02-
26.9
② 冯灵逸. 印媒：印度高等教育远逊中国 [EB/OL]. 参考消息网，2012-03-26.

限，只好大量兴建一些耗资最少的学院。大学附设的学院（印度传统的大学是考试机构，具体的教学工作在学院里进行）只设传统的文理专业，没有先进的实验设备，实验室仪器数量少且设备陈旧，使教师无法开设必要的实验课，学生则无法通过实验了解所学的基础知识。没有良好的大图书馆，全印度平均每所大学图书馆的藏书量竟然不足 20 万册。图书资料匮乏，使学生难以扩展知识面，教师难以补充和更新知识，有些甚至根本没有图书馆。独立之初，这类学院仅有 500 多所，到 1973—1974 年，就已发展到 3856 所，其中 776 所还不到 100 名学生，682 所有学生 100~200 名。这类小学院通常只有六七名教师，设在人口不足 1 万的地区，少数甚至设在人口不足 5000 的村庄，往往是，租来的一间空空荡荡的房便成了学院的全部家产。在这类学院中，课程几十年不变，所传授的知识几十年不变，教师仍然沿用东方几千年的传统，仅仅传授已知的知识而不是发现新的知识，而且学生根本谈不上参加科研。据统计，1973—1974 学年，仅有 0.8% 的研究生有条件在学校从事科学研究。我们可以想象，在这样的学校中学习，质量从何谈起！但是，印度竟有高达 88% 的大学生、60% 的硕士研究生和少数博士生在这类学院学习。①

第三，在高校中有相当数量的私立学院，如孟买大学 1977 年就有附属私立学院 98 所，大学本部很难对其下属的这么多学院进行质量控制，这些私立学院虽然较少要或不要政府投资，但他们更多的是重视招生规模，尽可能多地吸纳学生入学，以获取更多的经济利益，并不把质量放在首位，用在实验室、图书馆等教学方面的投入较少，经费主要用于人头费用支出，或落入股东、集资者之手。许多附属学院规模小、管

---

① 李炯. 中印高等教育发展的比较研究［J］. 建材高教理论与实践，2001（6）.

理松，教学质量无法保证。在印度，为了提高利润，一些私立大学的投机风气日渐盛行，出现了在基础设施和师资队伍建设等方面减少投入、盲目提高学费和降低入学标准等不公平竞争现象。甚至还有一些公立大学为了获得充裕的教育经费，不惜降低大学的办学标准，以及接收一些办学条件、教育质量或管理水平达不到要求的学校成为附属学院等。

第四，高校数和大学生数的剧增使得高校课程总量迅速增加，高校教师紧缺，许多学院都过多依赖外聘教师上课，许多大学教师终年在外兼课，有的甚至身兼多职，从某种程度上也影响了教学质量。

由于高等教育超高速发展，虽然国家大力投资，但按学生人数平均计算，每个学生的费用仍旧是很低的。在第三个五年计划期间，每个学习文科和商科的年生均费用仅为 300 卢比。每个理科学生为 373 卢比。如果再考虑物价指数的上涨因素，生均费用尚不如 20 世纪 40 年代。这怎么可能不影响到教育的质量呢？

印度的情况表明，一个国家在经济不发达的状况下，不顾经济力量的可能，盲目地扩大高等教育，必然要以降低高等教育的质量为代价。

可以说，印度高等教育自独立以来，大扩充的一个主要结果是教育标准下降，社会上的用人单位对大学毕业生的质量普遍不信任。据估计，在 20 世纪 90 年代初，印度约 3000 万待业的青年中，有 20% 是各级学位持有者。一些大学毕业生不是简单的没有工作，而是不能工作，因为他们掌握的知识陈旧过时且无一技之长。有些单位的招聘广告中明文规定一些高校的毕业生不能申报，许多用人单位在招聘时对学士、硕士学位持有者进行资格考试；有些用人单位为招聘的大学毕业生开设入门培训课程，一些单位开设这类课程是为了让这些大学毕业生"忘掉"在学校所学的知识。印度高等教育质量的下降可见一斑。

### 二、严重的失业现象与人才外流现象

失业问题是导致印度诸多乱象的根源。早在 1929 年，尼赫鲁就曾经讲道："在我看来，实实在在的东西是经济因素。如果我们强调这一点并把公众的注意力转移到这方面来，就会自动发现宗教的差别将不再重要，而一条共同的纽带则把不同的集团联合起来"①。但尼赫鲁的理想在印度至今也没能实现，严重的失业不断激发印度各种社会矛盾。据统计 1951 年印度的失业人数是 330 万，1981 年失业登记人数为 1783 万，1985 年 2627 万，1990 年 2700 万，1992 年迅速飙升为 3700 万。2002 年印度登记在册的失业人口竟达 4161.6 万，此外还存在大量难以统计的半失业或不充分就业人口。印度失业和半失业状态日趋严重，同时大学生和研究生失业也成为普遍现象。严重的失业不仅加剧困扰印度社会的种姓、教派、种族冲突，引发各种社会矛盾，而且对政治经济发展有着深刻的影响。

其中，高等教育大发展对社会的就业要求也越来越高，由于印度高等教育发展与社会经济发展相脱离，经济发展无法消化吸收过量的大学生，以至于许多学生毕业即失业。特别是文科学生，毕业后找不到工作的比比皆是。据统计，20 世纪 90 年代初，在印度 300 万待业青年中，有 20% 以上是各级学位持有者，其中不乏硕士和博士。1950 年在职业介绍所登记的失业者为 33 万人，1960 年增至 160 万人，1970 年猛升至 400 万人，出现了受教育者大量失业，受教育程度越高失业率越高的所谓的"过量教育"现象。② 据 C. R. 巴罗尔统计分析 1985 年约有 57 万科技人才失业，其中 75% 为理科毕业生。现在每年从高校毕业的几万名

---

① 孙士海. 印度政治五十年 [J]. 当代亚太，2000：11.
② 王东，李长友. 看印度高等教育的跨越式发展 [J]. 世界教育信息，2004（12）.

研究生中许多人找不到工作，能获得永久性工作的只有55%左右。除了找不到工作的实际失业外，还存在许多大学毕业生虽然有工作但学非所用或从事低级工作的现象。许多已有高学历的人员去从事要求较低的工作，如博士做学士的工作、硕士去做技术员的工作等，这对教育资源比较紧张的印度来说是一个严重的浪费。同时许多人才需求部门也过分地抬高用人标准，本科生可以从事的工作偏要硕士、博士去做，技术员可以从事的工作却要大学生去做，这反过来又刺激学生去攻读高学历，高学历的人越多又造成高学历人员就业竞争越激烈。

印度对高等教育的大量投资，并没有收到实际效果，对经济增长的促进作用不大，反而出现了大量知识分子就业难的问题。1967年，布莱格、莱亚德和伍德霍尔等学者运用成本效益分析探究了印度知识分子失业的原因，认为一是高等教育增长速度比就业吸收能力还快，印度未把中等、高等教育规模安置在人力需求预测里，忽视了2/3的大学毕业生和近乎2/3的高中毕业生在政府工作的事实；二是就业市场对人才的要求标准提高，使得一些高校毕业生达不到市场需求而只能从事一些低报酬工作，而就业市场不仅需要资金更需要与社会需求相适应的人才；三是印度没有独立的高等职业教育机构。印度的高等教育除了研究生教育外，几乎是清一色的大学本科教育。此外，印度的中等职业教育也不发达。这些是造成印度的大学毕业生失业率高的另一个重要原因。而知识分子就业难，造成教育投入浪费，不仅表现在对国内经济增长不利，还表现在国力不济致使人才外流。

由于失业现象严重，使得许多大学毕业生无工可做，致使许多学生到国外深造或者到国外找份好的工作。印度自己培养出来的医生、哲学博士、技术员等有50%以上移居英国、美国及中东石油输出国，使印度成为人才流失大国。据世界银行统计，1969—1979年外流到美国的50

万名高级专门人才中有 37.5 万人来自发展中国家,其中 50% 来自亚洲,亚洲中主要是印度、菲律宾等国。进入 20 世纪 80 年代以后这种人才外流现象更加严重,以每年 10 万人以上的速度在递增。据资料表明,高水平的人才外流情况是:工程学的大学生毕业人数从 1950 年的大约 2000 人升到 1982 年的大约 19000 人。理工和农学方面的硕士生外流人数从 1950 年的 1600 人升到 1982 年的 28000 人。① 另据印度科学和工业委员会 1985 统计在国外定居的科技人员已达到 2.3 万人,其中许多学生都是印度著名大学的优秀人才,如印度理工学院 1986 年就有 35% 的毕业生去美国留学。印度人才外流的主要去向是美国,根据调查在美国外来移民中印度移民约占 3%,且只有 3% 的人没有受过高等教育,在美国工作的印度人中有 75% 是大学毕业(中国移民中大学毕业比例为 55%)。由于受到较好的教育,印度在美国的移民中生活在贫穷线以下的比例比来自英国在美国移民中的比例还要低。在美国实行专门适合特殊职业的 HBI(具有专门技能或具有较高学位的人员)签证方面印度人占了总额的 20%,这在 100 多个国家申请人员中是很高的。另外在美国硅谷中 38% 为印度人②。高额的薪金、良好的工作、生活环境使得印度人才外流情况有增无减,愈加严重,因此在印度一方面大力发展高等教育,培养许多高级人才,另一方面大批优秀人才外流至发达国家,又违背了大力发展高等教育的初衷。

人才,特别是高科技人才,是促进国家经济、军事、科技等领域发展的宝贵财富,也是推动社会发展的真正动力。作为发展中国家大国的印度,自 20 世纪 60 年代以来,就有大量优秀年轻的专业技术人员流向

---

① 陈昌贵. 人才外流与回归 [M]. 武汉:湖北教育出版社,1996:72
② 李长吉,安双宏. 印度研究生的失业情况及其对策 [J]. 外国教育研究,1998 (1).

西方发达国家，这是印度的重大损失。为此，印度政府也采取了相应的对策，防止人才外流，吸引人才回国。

印度为了防止大批大学毕业生和研究生出国留学不归和成群结队的科技人才出国寻找工作和定居，造成高水平人员缺乏，政府持续增加对科技和教育的投入，以扩大和建立新的科技和教育机构，提高科技教育水平，创造新的就业机会。1970—1985 年，印度的科技经费从 13.96 亿卢比增加到 181.4 亿卢比，政府投资占科技总经费的 87%。30 年来研究开发经费每年增长 5%，其强度从 1958 年占 GNP 的 0.2% 提高到 1989 年的 1.13%。这个强度在发展中的大国中是最高的。[①]

印度还重视高技术研究、发展高技术产业、凝聚高科技人才。印度空间技术、核技术，特别是软件技术取得了迅速发展，其成就为世人瞩目。印度高技术的发展，凝聚、吸引和锻炼了大批高技术人才，使其在国际竞争中拥有雄厚的人才资源和实力。

印度的基本国情决定了它的教育层次结构应该是：专科生多，本科生次之，硕士和博士研究生教育应有计划地发展。然而，在很长一段时间里，却是培养的本科生多、专科生少，大学毕业生供大于求。有人为了寻求出路就向更高层次努力，导致研究生教育膨胀和高层次人才的降级使用，而研究生和本科生又不愿意从事与他们的学位不相称的较低职业，最终流入了失业队伍或者流向海外。为了解决这一问题，政府采取了限制高等教育的发展速度，扩大中等技术教育的措施，使大多数人完成中等教育后就能进入服务部门和其他中低级工作场所。

---

① 陈昌贵，部分国家和地区的人才回归及其政策分析 [J]．辽宁高等教育研究，1995 (5)．

### 三、高等教育的迅速扩充与浪费

在战后世界高等教育发展中，印度被认为是高等教育规模剧烈扩充的典型。高等教育的大发展为印度造就了数量居世界第 3 位的科技人员队伍，但大发展造成的高等教育总体水平下降、资源浪费严重等问题也受到印度国内外学者的广泛关注。在我国高等教育阔步迈向大众化阶段的过程中，印度高等教育规模快速扩充的经验教训对我们有借鉴意义。

印度 1947 年脱离英国殖民统治获得独立，1950 年成立印度共和国，当时高等教育质量规模小而低。独立后不久，国家领导人在教育与国家发展的关系上基本一致。他们认识到，为了实现新共和国的社会和经济发展目标，教育的发展是决定性因素。在教育方面，他们认为足够的高层次技术人才和培养普通工人的文化同等重要。基于上述认识，结合印度的政治、经济、文化传统和教育方面的许多因素，为了使高等教育适应国民经济和社会发展的需要，印度政府在高等教育规模上采取了迅速发展的战略，在提高高等教育质量方面创建了独立于大学系统之外的"国家重点学院"体系。直到 2000 年，印度创办了 18 所"国家重点学院"，这些学院共有约 5 万名在校生，以印度理工学院为代表的"国家重点学院"受到普遍好评，但在印度高等教育系统中，它们所占的比重不到 1%，人们讨论更多的还是大学、学院以及在校大学生数量的迅猛增长问题。表 5-1 是对印度独立后高等教育发展情况的概要统计。从统计数据中可以看出，在不到 50 年的时间里，印度的大学数增长了 10 倍，学院数增长了 14 倍，而在校大学生数增长了 27 倍。20 世纪 90 年代中期，印度在校大学生的年均增长率为 5%，1997—1998 年度首次降到 5% 以下，为 4.8%。按这个增长率计算，到 2000—2001 年度，印度在校大学生数应为 810 万至 820 万。由于各国高等教育规模主要按在校大学生数来衡量，印度在校大学生数的增长速度之快不仅在发展中国家少见，即使与发达国家相比也毫不逊色，因此，一些印度学者把印度高等教育的迅速发展称作"过度的扩充""无情的扩充"①。2017年印度大学数量已经达到903所，学院数达到39050所，在校大学生人数高达3664.2万人。

表5-1　独立后印度高等教育发展概况

| 年度 | 大学数（所） | 学院数（所） | 在校大学生数（万人） |
|---|---|---|---|
| 1950-1951 | 30 | 750 | 26.3 |
| 1960-1961 | 49 | 1537 | 64.5 |
| 1970-1971 | 93 | 3604 | 195.2 |
| 1980-1981 | 123 | 4722 | 275.2 |
| 1990-1991 | 177 | 7346 | 442.5 |
| 1997-1998 | 229 | 10555 | 707.8 |
| 2005-2006 | 490 | 20769 | 1432.3 |
| 2009-2010 | 436 | 25938 | 1720.3 |
| 2010-2011 | 621 | 32974 | 2749.9 |
| 2011-2012 | 642 | 34852 | 2918.4 |
| 2012-2013 | 667 | 35525 | 3015.2 |
| 2013-2014 | 723 | 36634 | 3233.6 |
| 2014-2015 | 760 | 38498 | 3421.1 |
| 2015-2016 | 799 | 39071 | 3458.4 |
| 2016-2017 | 864 | 40026 | 3570.6 |
| 2017-2018 | 903 | 39050 | 3664.2 |

数据来源：1950—1991年数据参见《印度大学拨款委员会1996—1997年度报告》英文版第19-21页；1997—1998年数据参见《印度大学拨款委员会1997—1998年度报告》第19、21页，其中，大学数参见《印度人力资源开发部教育司1998—1999年度

---

① 赵中建.战后印度教育研究［M］，南昌：江西教育出版社，1992：91.

报告》英文版第 135 页；2005—2006 年数据参见《印度人力资源开发部教育司 2005—2006 年度报告》英文版第 7 页；2009—2010 年数据参见《印度人力资源开发部教育司 2009—2010 年度报告》英文版第 3 页；2010—2018 年数据参见《全印高等教育调查报告 2017—2018》英文版第 30 页。

　　国民经济与社会发展的需要固然对高等教育的发展有很大影响，但政府采取何种政策却是至关重要的。发展中国家在教育发展过程中应按基础教育→职业技术教育→高等教育的顺序进行，这已成为世界许多著名教育家和经济学家的共识，而印度政府在长期不能兑现普及初等义务教育目标的情况下大力发展高等教育，这种高等教育发展模式并不完全符合国民经济和社会发展的需求规模。而且，从 20 世纪 70 年代开始，印度大学生"毕业即待业"的问题日渐严重，但高等教育规模仍持续高速发展。

　　印度在高等教育上实行中央与地方合作的管理体制，中央政府主办并管理中央大学和国家重点学院，邦政府也有权创办并管理邦大学，邦大学的数量及其在校生的数量均占全国高校总数和在校生总数的 80%。印度独立后，几乎所有关于高等教育的专家委员会都建议注重提高高等教育的质量而控制数量上的盲目增长，印度国家计划委员会曾明确要求中央有关教育行政部门限制各邦新建高校的数量与招生规模，然而，印度高等教育几乎一直保持较高的增长速度。正像世界著名比较教育学家 P. G. 阿尔特巴赫教授所说的那样，独立后，"印度高等教育发展迅猛，但这种发展在很大程度上并未受到有关计划与建议的影响。印度比其他任何第三世界国家都更想规划本国高等教育的发展并至少提出了十几个主要的改革方案，但这些改革都失败了"。另外值得一提的是，如果说"教育民主化"在解释战后欧美高教发展方面尚可适用的话，那么它对印度并不适用。道理很简单，在印度，生活在贫困线以下的人口长期维持在总人口的 1/3 左右，另有接近 1/3 的人仅能达到生活温饱的水平，文盲率至今仍高达约40%，小学1至8年级的辍学率约为54%。印度广大民众的基本生存权尚有很大问题，接受初等教育的机会都很有限，"教育民主"又从何谈起？

独立后，印度高等教育的发展也取得了不容抹杀的成就，新建的国家重点学院系统仅用几十年的时间就获得了国际上的广泛好评，一些条件较好的大学也开始通过高级研究中心发展研究生教育和科学研究，高等教育从城市扩展到乡村的广大地区，向众多青年提供了高等教育机会等，这些成就在发展中国家是很突出的。然而，印度高等教育畸形发展造成的问题也是极为严重的。抛开高等教育畸形发展在经济方面的问题（如巨大的投资未产生应有的效益）、社会方面的问题（如少数上层阶级从高等教育大发展中获益）和教育系统内的问题（如普及义务教育长期受忽视）。

高等教育规模迅猛扩充的不良后果也极为明显：（1）学术水平较低且浪费严重。印度大学对下属各类学院中学生通过考试的标准规定得极低，除个别大学要求及格标准为40%之外（总分为100分的试卷，学生得40分就为及格），绝大多数大学的及格标准为35%左右。大学为附属学院拟定的教学大纲所规定的教学内容陈旧而浅显，而在这种低标准的教学中，考试及格分数又仅为35分，毕业生的知识水平可见一斑。及格分数如此之低，印度本科生的淘汰率几十年来却一直维持在40%左右，造成国家财力和人力资源的极大浪费。（2）专业结构严重失衡造成大量毕业生待业。由于经济水平不高，经费有限，高等教育规模的扩充必然优先发展费用较低的普通文理科和商科专业，这也是殖民地时期印度高等教育专业结构上存在的严重问题。长期以来，印度在校大学生的80%以上分布在普通文理科和商科各专业，而农林专业的学生比例一直在 1% 上下徘徊。① 一些大学毕业生不是简单的"没有工作"（Unemployed），而是"不能工作"（Unemployable），因为他们掌握的知识陈旧过时且无一技之长。有些单位的招聘广告中明文规定一些高校的毕业生不能申报，许多用人单位在招聘时，对学士、硕士学位持有者进行资格考试；有些用人单位为招聘的大学毕业生开设入门培训课程，有的单位开设这类课程是为了给大学毕业生"洗脑"，让他们"忘掉"在大学里学到的知识。（3）教育结构失衡。印度教育结构不合理主要表现在层次结构和专业结构上。在层次结构上，印度初等教育发展速度远远落后于高等教育，致使印度 6 至 14 岁儿童只有 25% 完成了初等教育，文盲现象极其普遍。20 世纪 70 年代，印度初等学校在校生增加了近 2.1 倍，中等学校增加了近 3 倍，而高等学校却增加了 5.5 倍。结构的不合理极大地阻碍了印度义务教育的普及，使得 1950 年印度宪法规定的要在 10 年内为所有 6~14 岁儿童提供免费义务教育的目标至今未能实现。正如英国比较教育学家埃德蒙·金指出的"战后印度教育的主要问题之一是离开初等教育的坚实基础去大量发展高等教育，这是一种'蘑菇云'的状况"。专业结构方面，由于印度大学在课程设置上受传统教育观念和英国教育观念的影响，重点一直放在古典学科和人文学科上，对理工科不够重视，应用技术学科很难发展。在高等教育大发展的 20 世纪五六十年代，学校的人文、社科等专业占到 80%，而工、农、医科等其他专业仅占 15% 左右。作为一个农业大国，农林专业的比例仅为 1%。专业结构失衡导致人才培养结构的严重失调，进而导致严重的人才短缺与过剩并存的局面。（4）高等教育改革难有突破且积重难返。印度的大学制度是以英国伦敦大学为样板于 19 世纪中期创建的，称纳

---

① 安双宏. 印度高等教育规模快速扩充的后果及其启示［J］. 教育研究，2000（8）.

附大学制度，即大学接纳本地区的高等教育学院为自己的附属学院，批准或拟定附属学院的教学大纲，指定教科书和补充教材，为附属学院的学生组织毕业考试（称"外部考试"）并对通过考试者颁发学位，而大学本身不进行教学活动，只是单纯的考试机构。现在，印度虽然也有一些不接纳附属学院而由本校直属院系进行教学的单一大学，但纳附大学仍占多数。绝大多数纳附大学现在都设有以研究生教育为主的院系，但受大学外部考试制度影响的大学生仍占印度高校学生总数的85%左右。由于实行教、考分离，互不负责，结果，大学考试机构越来越臃肿，工作效率低下，失误频繁；各学院本科阶段教学内容陈旧，教学方法单一；平时，教师不认真教、学生不努力学，考前搞突击，私人补课教师、补习学院遍布全国，大学成了名副其实的"生产学位的作坊"。尽管印度政府及有关机构从独立后即开始进行针对纳附大学制度的改革，但由于主要注意力用于应付高等教育的数量扩充上，改革进展缓慢。由于这种陈旧落后的制度规模越来越大，各种既得利益集团互相牵制的力量越来越大，未来改革取得突破性进展的难度也越来越大了。

### 四、教育商业化弊端严重

自从印度进入计划经济时代以来，高等教育一直受到国家的大力资助，直到1986年的新教育政策，讨论高等教育私有化才真正开始。拉姆基·巴苏也准确地指出了高等教育走向商业化的原因：教育或知识产业作为发展过程中的一个因素，已不再被视为一种社会服务。相反，它被认为是一种必要的经济投入，认为这种对教育的投入是促进人类资源发展的一个因素。因为它是知识产业的主要受益者，因此私营企业也应发挥其作用。

随着识字水平的不断提高，偏远地区中小学的资源需求也在增加。

由于缺乏资源，国家已经很难满足人民渴望进一步发展的民主愿望，因此，有人认为应鼓励私营部门参与教育，以便能分担国家资助教育的负担。

印度是一个贫穷的国家，很多人生活在贫困线以下。他们甚至被剥夺了人类赖以生存的基本生活设施，如食物、水、健康和住房设施。因此，在没有保障人民基本生活设施的情况下，谈教育是没有用的。正是这个原因，国家才把教育排在了优先事项的第 6 位。在这种情况下，国家除了减少教育方面的计划支出，特别是高等教育的计划支出比例外，别无选择。

在过去的几十年里，高等教育的大众化促使高等教育机构和学生注册的显著增长，这是国家用其有限的人力和物力无法应付的。

印度普通高等教育的质量一直很低。由于印度高等院校在很长一段时间内收费较低导致政府不堪重负。有限的教育经费甚至满足日常经费开支都捉襟见肘，使得办学条件难以改善。研究表明，印度高等教育经费短缺问题十分严重。究其根本原因，是印度高等教育长期脱离国情快速扩张而融资渠道相对单一。

私有化比公共部门更有效、更迅速地对市场信号或市场对劳动力的需求做出反应，公有制很难在人力资源开发的操作中具有灵活性。

多年来，公共部门未能从教育接受者那里获得资源。教育或多或少成了一种免费的商品。这就贬低了教育在接受者眼中的价值。私有化通过收取全额费用或加收提供的服务费可能会在教育接受者中产生更大的责任。因此，学生可能会坚持提高教学效率和教学质量。

通过从学生收费中产生更多的资源来实现私有化，将有助于减轻国家的财政负担。

高等教育的商业化有其恶果，尤其是剥夺了人们平等的受教育机会。高昂的费用、巨额捐款的提取以及调动私人资金的其他方法，本质上是不公平的，而且对于以宪法赋权致力于让人民实现社会经济公平的国家来说是不利的。

政府难以规范其运作，包括私立学院的财政方面。在很大程度上只能满足社会富裕阶层的需要，高等教育私营化能帮助政府最终证实是谬论。私有化通常是一种与福利国家的财政、教育和其他社会考量背道而驰的势力。

高等教育中大量私立院校的存在，既是印度社会政治经济制度的产物，也是印度教育发展的需要，而且，私立院校也为印度高等教育的发展做出了自己的贡献。私立院校为受教育者提供了教育机会，但其质量保障一直是个问题。私营经济、私营组织的主要目的是追逐利润。印度绝大多数的私立院校都是以营利为目的，要最大限度地追求利润。20世纪 90 年代，数千所以信息技术教育为主的私立学院如雨后春笋般出现在印度各地，但是，其中绝大部分后来却消失了，给众多的学生造成了巨大的损害。现在，又有数千所私立院校开办起来，进行管理教育、生物技术教育和生物信息科学教育等新兴学科的教育，众人又是趋之若鹜，然而没有人问这些学院的师资水平、教学条件、实验设施等方面是否达到了起码的标准。

无论是私营还是公共部门都无法单独管理像印度这种大国的高等教育。完全商业化在任何地方都不存在。在日本、韩国、菲律宾和拉丁美洲，大规模商业化与受限制的公共部门并存。在南亚、非洲和西欧，存在的是一种以公共部门为主导的混合制度。荷兰和比利时都是在公共基金的资助下共存的。瑞典、英国、法国、西班牙和泰国存在有限的私营部门。伙伴关系和领导能力应该在我国的私营部门中共存。印度是一个发展中国家，有必要确保大众接受高等教育的机会和公平。

# 第二节 初等教育发展中存在的问题

印度普及初等教育的历史虽然可追溯至 1893 年印度巴罗达土邦王公盖克瓦德在他邦内的阿姆雷利区进行的普及义务教育的尝试，但普及初等教育真正受到政府的重视并被列为教育发展和战略重点则是印度独立以后的事。印度 1947 年刚刚取得独立时，面临着百废待兴、百业待举的艰巨任务，基础教育十分落后。当时，6~11 岁的儿童只有 1/3 受过教育，11~14 岁年龄组儿童受过教育的不足 10%。1951 年，全国识字率为 16%，农村只有 12%。独立后，印度采取了许多措施从数量和质量上促进义务教育的发展。1950 年，印度制定了独立后的第一部宪法。宪法对教育问题，特别是普及义务教育做了专门的规定。宪法第 45 条规定："在本宪法生效之日起的十年时间内，国家应努力为所有儿童提供免费和义务教育，直至他们年满 14 周岁。"印度各邦根据宪法的指导原则，大都制定了邦的初等教育法。然而，在此之后，印度政府曾多次修改普及初等教育的计划和推迟实现普及化的期限，1957 年，印度计划委员会的一个专门小组在检查了全国普及初等教育的情况后，提出了分两步走的建议。第一步是到第三个五年计划结束之际即 1965 年完成 5 年的免费义务教育；第二步是到第五个五年计划（按当时计应为 1975 年）实现 8 年的免费义务教育。分两步走来实现初等教育普及化，将初小（1 至 5 年级）和高小（6 至 8 年级）分开提出实现目标在印度尚属第一次。以后印度制定的一些教育发展计划或教育政策都遵循了这一做法。印度教育委员会于 1966 年再次建议推迟实现普及化的期限，准备用 10 年（到 1976 年）和 20 年（到 1986 年）的时间分别普及初小和高小。1968 年，印度政府正式颁布了《国家教育政策》，该政策对减少教育浪费、实现教育机会均等、提高教师的业务水平和社会地位等方面做了明确的规定。1985 年 8 月，教育部公布《教育的挑战—政策透视》的报告，提出了"教育重建"的一系列建议，包括普及初等教育，降低辍学率，建立"师范学校"网络，扩大针对失学儿童的非正规教育体系，等等。1986 年，印度公布了新的《国家教育政策》，提出了普及义务教育方面的两条措施"黑板行动计划"和"示范学校计划"。印度的五年发展计划中均包括教育发展计划，几乎每个五年计划都把普及初等义务教育列为工作重点。然而，印度独立后的半个多世纪以来，普及义务教育的目标不得不在政府的历次教育政策和五年发展计划中一拖再拖。1986 年，印度政府颁布了指导今后教育发展与改革的《国家教育政策》，再次规定要通过正规教育和非正规教育途径，在 1990 年和 1995 年前分别使所有年满 11 岁和 14 岁的儿童受到免费义务教育。1992 年的《国家教育政策》对 1986 年的政策目标进行了修订，将普及义务教育的日期推迟到进入 21 世纪之前。正是在政府普及初等教育的政策指导下，印度初等教育入学率自 1947 年以来一直在稳定增长，尽管初等教育普及化的程度与政府所定的期限目标还相差很大。表 5-2 显示了 1950 年至 1986 年有关年度的印度初等教育入学率。

表 5-2　印度初等教育入学率（1~8 年级）　　　　单位:%

| 年度＼年龄 | 6~11 岁（1~5 年级） | | 11~14 岁（6~8 年级） | | 6~14 岁（1~8 年级） | |
|---|---|---|---|---|---|---|
| | 全部学生 | 女生 | 全部学生 | 女生 | 全部学生 | 女生 |
| 1950—1951 | 42.6 | 24.6 | 12.7 | 4.5 | 32.4 | 17.4 |
| 1955—1956 | 52.9 | 32.4 | 16.5 | 6.6 | 42.5 | 22.5 |
| 1960—1961 | 62.4 | 41.4 | 22.5 | 11.3 | 48.7 | 30.9 |
| 1965—1966 | 76.7 | 56.5 | 30.9 | 17.0 | 61.0 | 43.0 |

续表

| 年龄<br>年度 | 6~11 岁（1~5 年级） | | 11~14 岁（6~8 年级） | | 6~14 岁（1~8 年级） | |
|---|---|---|---|---|---|---|
| | 全部学生 | 女生 | 全部学生 | 女生 | 全部学生 | 女生 |
| 1968—1969 | 77.3 | 59.0 | 32.3 | 19.4 | 61.7 | 45.5 |
| 1977—1978 | 82.8 | 65.4 | 37.9 | 25.3 | — | — |
| 1979—1980 | 83.6 | 65.9 | 40.2 | 27.7 | 67.2 | 52.0 |
| 1982—1983 | 87.2 | — | 43.9 | — | | |
| 1986— | 93.6 | 79.9 | 48.5 | 35.6 | — | — |

资料来源：A. 比斯瓦斯、S. P. 阿格拉瓦尔，《印度教育发展：独立前后教育文献的历史概况》，1986 年英文版，第 729 页；全国教育研究与培训委员会，《第五次全印教育调查》，1989 年英文版，第 68、69 页。

21 世纪以来，积极发展初等教育已成为印度的战略性选择。为进一步普及初等教育入学率，提高教育质量，印度政府于 2001 年启动初等教育普及项目（Sarva Shiksha Abhiyan，SSA）。初等教育普及项目计划到 2010 年前为所有 6~14 岁的儿童提供初等教育，同时鼓励社区积极参与学校管理，缩小所有的社会、性别和地域差距。该计划是一个旗舰项目，要从所有税收中扣除 2% 的教育税作为该计划的专用基金。

## 一、人口失控背景下的义务教育难以普及

印度的义务教育经费主要来自四方面：中央政府和各邦政府的预算拨款、地方机构的资助、学生缴纳的学费、私人和国外机构的捐款。印度初等教育 90% 以上的经费来自各邦政府，中央政府的预算拨款主要用于高等教育和其他教育计划。印度独立后，尽管在数量上初等教育的增长速度加快，但是初等教育所占教育经费总额的比重在历次五年计划中有明显下降的趋势。"初等教育经费支出的大幅度削减和中等教育与高等教育经费的不适当增加，造成了教育资源分配比例的失调和初等教

育供给的严重不足。"经费的短缺影响了义务教育的普及。

印度现行学制为 10+2+3 学制。10 代表 8 年初等教育（义务教育）和 2 年中等教育的初级阶段；2 代表中等教育的后 2 年，即高中阶段；3 代表高等教育的第一阶段。8 年的初等教育为宪法规定的义务教育，它进一步分为两个阶段：5 年的初级小学和 3 年的高级小学。初小阶段的课程重点是培养文字和计算的基本技能，针对自然现象和社会现象在环境中学习，要求学生参加各种活动以培养生产技能、创造性的表达方式和好的生活习惯。课程包括语言学习、环境学习、数学、劳动实践、艺术教育、卫生教育和体育。高小阶段要求学生继续学习初级阶段的各种科目，但课程内容更加深入。具体课程包括学习三种语文、自然、科学、数学、社会科学、劳动实践、艺术教育、卫生教育和体育。

截至目前，印度人口已经超过 12 亿，总量之大已经使其成为世界上第二人口大国。而且还在以每年近 2% 的增长率增加。较快的人口增长速度，使其很有可能在今后的一段时间内超越中国，成为世界人口第一大国。如此庞大的人口压力，对教育发展的规模、教育的结构以及教育的质量都提出了挑战。而在印度，由于初等教育迟迟未能得到普及，总人口的识字率偏低，儿童升学率不高，而辍学率却居高不下。即使是接受了初等教育的儿童，由于初等教育的质量水平不高，也难以达到国家规定的人才标准。人口素质的整体偏低，使得每年失业人数也不断增加，将会制约经济的发展，这就为社会埋下了不安定的隐患。因此，加快普及初等教育的步伐，提升教育质量，成为印度解决人口素质的一大重要问题。

人口因素是导致失学辍学现象的社会原因。印度是一个人口大国，人口增长极为迅速，人口问题不仅影响了经济和社会的发展，也给教育提出了严峻的挑战。人口的不断增长，学龄儿童随之猛增，校舍、教师以及教学设备也要随之增加，对于国家来说，印度有限的教育资源和经济条件一时承担不了由于人口增长而带来的教育负担；对于家庭来说，贫困的现状也不能同时满足所有子女的教育费用。正如美国教授利维指出的："较高的辍学率是与较高的人口出生率相联系的。"可见，印度在普及义务教育过程中所取得的成果在很大程度上被人口的增长所抵消。而家长自身的观念是导致失学辍学现象的主观原因。在有些贫困家庭中，父母受教育的水平低，这些家长往往对子女受教育程度的期望也不高，还有一些父母由于多年来所形成的"教育无用论"的消极思想，不愿把子女送去学校接受教育。此外，由于印度女子的社会地位低，男女不平等，受这种传统思想的影响，大部分家庭对女童的教育不够重视。英国比较教育家埃德蒙·金指出，"按传统她们既不属于她们自己，也不属于她们的娘家，而是属于夫家了。在这种情况下，只有进步的家长才会为女儿的教育操心"。印度女童的辍学率大大高于男童。

## 二、初等教育低入学率与高辍学率

关于入学率，来自印度官方的统计数据和调查机构的统计数据都显示，SSA 计划成功地减少了失学儿童的总量。在 SSA 执行的开始，2001年，印度 6~14 岁失学儿童的总数超过了 3000 万人，到 2012 年，则减少到了 300 万人左右。根据印度全国网上教育信息系统 DISE 统计，初级小学的净入学率在 2008—2009 年度后一直在 98% 以上，初级小学升入高级小学的比例 2010—2011 年度也已经超过了 85%，达到历史最高点。另外，以弱势群体的变化看，6~14 岁的入学儿童中，女童的比例从 1999—2000 年度的 42%，上升到了 2010—2011 年度的 48.4%。其中，SC 女童和 ST 女童占各自学生数的比例甚至高出了这个平均数，分别达到了 48.5% 和 48.43%，而 SC 和 ST 学生占小学学生人数的比例也一直稳定在19%和10%以上。这些入学率上的成绩和EGS、AIE计划设立过渡的学校分不开，女童入学率的提高更是直接受益于NPEGEL、KGBV计划。此外，印度官方数据显示，残障儿童的入学率也有了大幅度增长：87.38%（近265万）的残障儿童进入了正式的学校，约78万残障儿童纳入了"学校阅读计划"（School Readiness Program），16万残障儿童实现了以家庭为基础的教育，受教育的残障儿童总数占残障儿童比例已经达到95%。在2021-2022年度教育报告中显示，1到8年级适龄学生毛入学率达到100.1%，男生毛入学率达到99.3%，女生毛入学率达到101.1%，说明近几十年来印度在普及基础教育方面做出了巨大努力并卓有成效①。

但是，尽管入学率持续增长，印度小学生的出勤率却不容乐观。在许多地方，出勤率远低于入学率，而且"超龄"入学在全国许多地方依然常见。各地区和各群体之间的入学率有重大差异，而且入学率的估算会浮动变化。人力资源发展部在2007—2008年度报告中宣称，5~14岁年龄组的儿童中的82%已经入学，但其中有50%的儿童在完成8年级学业之前辍学。这与联合国教科文组织的统计机构在2005年的调查结果一致，调查覆盖了超过7万名适龄儿童，发现其中有83%的儿童出勤。但大部分6岁儿童辍学，6岁是印度入学的法定年龄。2012年，印度最大的非营利性教育机构Pratham的2011年度报告显示，在小学尤其是高级小学阶段，学生的出勤率甚至出现了下降，例如，乡村小学平均出勤率从2007年的73.4%下降到了2011年的70.9%，而整个2011年，小学阶段学生出勤率的平均值也只有72.9%。落后的邦出勤率则更

---

① Ministry of Education Department of School Education and Literacy, Report on Unified District Information System for Education Plus（UDISE+）2021-22Government of India［R/OL］. http：//mhrd. gov. in/.

低，如比哈尔邦只有 50%。调查同样显示，SC、ST、穆斯林儿童缺勤高于其他儿童，而他们中的大龄女童缺勤最为严重。辍学现象也没能实现有效控制。表 5-3 中的数据显示：辍学率在 2001 年后下降并不显著，2009—2010 年度，印度初级小学的平均辍学率仍然高达 28.9%，而整个小学阶段的辍学率更是高达 42.4%，超过半数的 SC、ST 学生没能读完小学。此外，联合国教科文组织 2008 年对印度全纳教育的报告显示，接近 30% 的残障儿童流失在校外，并指出只有 6.8% 的轻度残障儿童可以完成高级小学的教育。

表 5-3 SSA 计划实施后不同群体儿童辍学率比照表（%）

| 年度 / 年龄 类别 | 男童 | | 女童 | | 表列种姓（SC） | | 表列部落（ST） | |
|---|---|---|---|---|---|---|---|---|
| | 初级小学 6~11 岁 | 小学 6~14 岁 | 初级小学 6~11 岁 | 小学 6~14 岁 | 初级小学 6~11 岁 | 小学 6~14 岁 | 初级小学 6~11 岁 | 小学 6~14 岁 |
| 2001—2002 | 38.4 | 52.9 | 39.9 | 56.9 | 45.2 | 60.7 | 52.3 | 69.5 |
| 2005—2006 | 28.7 | 48.7 | 21.8 | 49.0 | 32.9 | 55.2 | 39.8 | 62.9 |
| 2009—2010 | 30.3 | 40.6 | 27.5 | 44.4 | 29.3 | 51.3 | 34.5 | 57.8 |
| 2010—2011 | 28.7 | 40.3 | 25.1 | 41.0 | 26.7 | 43.3 | 35.6 | 55.0 |
| 2013—2014 | 21.2 | 39.2 | 18.3 | 32.9 | 16.6 | 38.8 | 31.3 | 48.2 |
| 2021—2022 | 1.6 | 2.7 | 1.4 | 3.3 | | | | |

数据来源：根据印度人力资源发展部网上公布的统计数据整理而成。

由此可见，尽管 SSA 采取了很多措施，弱势群体失学现象依然严峻。SSA 计划虽将目标延迟到 2013 年实现，但前景依然渺茫。

在印度历史上，女性的入学率和识字率普遍低于男性。但与过去相比，进步已然显现。独立时，25% 的男性受过教育，而女性仅有 8% 受过教育。但在 2001 年，受过教育的男性和女性所占比例分别为 64% 和 46%。识字率不仅受入学率影响，也受出勤率、缺课率和教学效果所影响。整体人口数据反映了学校教育对各代人的累加性的影响。因此 7~10 岁年龄组女生 95% 的入学率是一个性别所致差距缩小的积极信号。但也存在一些问题：其一，在比哈尔邦等一些大邦中情况不好，其二，有些邦高中阶段女生辍学率依然很高，其三，表列部落和表列种姓的女生入学率依然较低。尽管总体看来入学率在上升，但也存在这样两种情况。第一，入学率仅是名义上的，不到校的学生也被列入，以达到政府对入学率设定的目标，或是为了支持与返校率或当地社区入学率相关的计划。第二，学龄外儿童的入学，即 6 岁以下和 14 岁以上儿童仍在 6~14 岁儿童的教育框架内。联合国教科文组织的调查表明，6 岁儿童中大部分没有入学反映了普遍存在的延迟入学的问题，这表现在就读于低年级的年龄较大的儿童的数目上。表列部落和表列种姓的儿童延迟入学的情况更为普遍。14 岁儿童中有 14% 在 6 年级或更低的年级，这是留级的结果，而非延迟入学。DISE 数据表明，全国大约有 6.5% 的初等教育儿童有留级的情况。对未入学儿童及其家庭的调查显示，失学的主要原因是儿童或其家长"对教育不感兴趣"（女生高于男生），以及"经济原因"。

印度的初等教育要求男生去赚钱，而女生则承担家务。20 世纪 80 年代的调查显示，学校条件差是导致失学的一个重要因素，而现在这已经不是一个重要原因了。在完成初等教育之前辍学依然是一个很大的问题，女生的辍学率现在似乎比男生低，这对传统格局而言是一种改变，但各邦和各社会群体之间的差异也是很大的。问卷和访谈调查显示，"对学习不感兴趣"和"被要求去工作"是辍学的主要原因（各占 25%），而学校教育收费则是次要因素（占 10%）。一些定性研究也表明，"缺乏学习兴趣"与学生在学校的感受有关，无聊、失败和脱离学生生活的课程都是其中的原因。

### 三、基础教育质量堪忧

基础教育的入学率虽然有了提高，在物质性基础设施上也得到了大规模的发展，但通过教育所赋予的价值依然显得薄弱。低质量的教育导致了基础教育阶段薄弱的学习效果，这就是当今印度教育部门所面临的最大问题。在印度基础教育过程中，师生之间的教学过程和知识输送环节是薄弱的——既不是以儿童友好也不是采用以学生为中心的教学课程。从而，质量就成为问题的核心。

独立后的印度人口增长极为迅速，学龄儿童随之猛增，有限的教育资源和经济条件一时承担不了由于人口增长而带来的巨大负担，印度教师的增长速度远远跟不上人口的增长速度，造成了印度师生比例不断攀高，1 名教师服务学生数由 20 世纪 60 年代初的 36 人升高到 48 人。大大超过世界平均水平 27：1 和发展中国家平均水平的 29：1。过度繁重的任务又必然影响到教学质量的提高，从而形成恶性循环。

21 世纪初，印度农村仍有 12% 的学校只有一个老师授课，21% 的学校有两个或两个以上老师但并不同时上课，即 1/3 的印度农村学校在同一时段内只有一个教师在授课。约有 3/4 的老师被迫同时负责几个年级的课程，进行复式教育。一些地区由于教室等基础设施不足，不得不实行分批轮流上课。

教师是教育的关键，对教育质量起着举足轻重的作用，但在印度，一些教师工作热情不高，教学方法单一。学校的管理也较松散，教师随便上下课，甚至自行放假，这在一师一校的地方尤为突出，美国学者 M. 沃纳曾在印度就义务教育与童工问题做过长时间的实地考察研究。他发现不少教师缺乏责任感，许多教师对辍学现象漠不关心，他们对教育工作缺乏激情，很少关心教学内容是否被学生接受，也不重视教育方法，照本宣科，死记硬背现象严重。教育方法的落后和教学负担的沉重，也使得他们缺乏对学生个性的照顾和有针对性的辅导。

印度的基础教育质量令人担忧还表现在地区差异仍然严重。国内外的各项评估都表明，印度小学教育质量仍旧乏善可陈。比照 Pratham 的年度报告，五年级儿童能读懂二年级水平小短文的人数比例从 2010 年的 53.4%降到 2011 年的 50%以下，三年级儿童能准确运算两位数借位减法的比例也从 2009 年的 39%下降到 2011 年的 30%以下。从 2005 年开始的 Pratham 调查显示印度的基础教育水平一直低下，没能扭转。在横向的国际比较中，印度基础教育质量更是令人担忧。2010 年，印度学生在 TIMSS（国际教育评价研究和评测活动）中显示出了很低的学习水平，例如，小学四年级的语言水平测试比国际平均分数的一半还要低。同一年，首次参加 PISA（国际学生评估项目）的两个邦——喜马偕尔邦和泰米尔纳德邦，成绩为参加测试的 74 个地区中第 72 和第 73位。可以说，印度基础教育并没能解决好学生基础知识和技能的学习问题。尽管印度的基础教育质量低下，但存在很大差异。总体教育水平低主要原因还是印度的弱势群体人数众多，且他们的教育质量没有得到根本的改善。在印度，存在不到20%的私立学校，它们也是印度教育质量最好的地方，主要为富人和有权势人的子女提供优质的教育。与之构成鲜明反差的是印度公立学校低下的教育效率和质量，特别是落后地区教师的状况则始终不容乐观。首先，生师的比例没有实现明显的下降。在落后的印度东北部地区，如北方邦、比哈尔邦和恰尔肯德邦小学校生师比例普遍超过了 60：1。其次，教师的培训也滞后，DISE 数据显示，全国大约有 40%的教师参加了教师培训，而比哈尔邦却只有 8%，曼尼普尔邦是 10%，拉贾斯坦邦是 13%，北方邦是 18%，都远低于全国平均水平。而且，在东北邦地区，如北方邦，西孟加拉邦和比哈尔邦，还有约45%的教师是从未接受专业培训的。据独立调查机构 PROBE 报告显示，印度小学教师的出勤率只有78%，10年来没有任何改观。而教师出勤率最低的仍然是比哈尔邦和人口最多的北方邦。对于能够显著提高学生学习效果的教师能力、激励、问责等要素急切需要解决。初等教育贫困学生的学习，包括学术和学术相关（非知识性的认知）方面的问题也很严峻。有证据显示，印度在校儿童的学习效果远低于其他国家相应班级层次的儿童。印度初小学生从一个较低班级上升到一个较高班级所耗费的在校时间并没有给学生带来学习层次上的提升。

综上所述，虽然印度在改进弱势群体的教育方面取得了一些成绩，如学校大量增加、入学人数持续上升、性别教育差异明显好转等，但原先存在的社会阶层、城乡和地区差异都没能得到实质的改善。印度基础教育尽管经历着量的发展却远未迎来质的提高，弱势群体的辍学问题和教师质量问题仍旧困扰今天的教育。由于印度弱势群体整体教育环境的长期落后以及歧视观念的根深蒂固，在教育公平与均衡问题上，印度任重而道远。

第六章

# 独立后印度国民教育特殊发展路径的启示

## 第一节　建立国家重点学院系统

印度是南亚地区高等教育的高地，近二三十年印度高等教育的迅速发展，呈现出与国家整体发展战略紧密配合、以国际化为基本特征的特点，在加强高等教育与国家整体发展和社会经济发展关系的同时，借力发达国家和世界一流大学，使人才培养的各个关键环节在短时间内与世界一流大学对接，是印度建设世界一流大学的成功经验，对我国高等教育发展具有启示性。

印度高等教育非常规的发展建立了世界上最庞大的高等教育体系之一，据印度 2017—2018 年全印高等教育调查（AISHE）数据显示，2017—2018 学年共有 903 所大学，其中 343 所为私立大学，357 所大学坐落在农村。有 45 所中央大学、1 所中央开放大学、101 所国家重点高等教育机构、351 所邦立大学、5 所邦立法通过的高等教育机构、14 所邦立开放大学、262 所邦私立大学、1 所邦私立开放大学。① 在众多的高校里，印度重点扶持高水平大学，印度理工学院是重中之重，印度政府专门为印度理工学院颁布了法案，赋予其独立的学术政策、招生及学位授予权，其教学与经济管理由直属中央政府的印度理工学院委员会管辖。

**一、印度新兴高等教育重点学院**

印度不仅仅有被称为印度"科学皇冠上的瑰宝"的印度理工学院，还有德里大学、尼赫鲁大学、马得拉斯大学、孟买大学、加尔各答大学、印度理学院等一流大学。2017 年印度政府颁布和实施了世界一流大学建设计划——"卓越大学计划"，并发布了相关规则和指导文件。经专家委员会评审，最终于 2019 年 8 月授予 20 所高校以"卓越大学"称号，政府对其提供资金支持并给予高度自治权。入选的 10 所公立大学为：印度理工学院孟买分校、印度理工学院德里分校、印度科学学院、印度理工学院马德拉斯分校、印度理工学院坎普尔分校、德里大学、海德拉巴大学、贾达珀大学、安那大学和贝拿勒斯印度教大学。10 所私立大学为：博拉理工学院、曼尼帕尔高等教育学院、Jio 研究所、甘露大学、韦洛尔科技大学、佳米雅综合大学、卡林噶工业技术学院、金德尔大学、希夫·纳达尔大学和 Satya Bharti 学校。②

在印度，印度国家重点学院的学科建设与专业设置以市场需求为导向，对部分优势学科进行特色建设，以实现与最前沿的经济和科技发展

---

① 印度人力资源部. 全印高等教育调查报告 2017—2018［EB/OL］. 印度人力资源部官网，2019-09-30.

② 胡爱迪. 印度世界一流大学建设最新计划——"卓越大学计划"述评［J］. 决策探索（下）. 2020（8）.

相同步。今天，印度在计算机研制和软件开发等方面的科研水平已居于世界前列，并取得了相当可观的成就。

## 二、印度新兴国家重点学院系统对我国的启示与借鉴

当前，我国高等教育迎来了发展的重要战略机遇期，在推进教育对外开放深度、建设世界一流大学和一流学科的过程中，与欧洲和美国相比，印度发展高等教育的模式和经验更值得我国研究和借鉴。印度作为发展中大国，与我国的经济基础、人口状况等情况都比较类似，政府集中优势资源建设重点大学等措施方面也比较相像，但是，在建设世界一流大学的效果和人才培养的质量方面，我们更需要深入研究印度理工学院人才培养的各个环节，分析存在的差异，借鉴有效的措施。是我国发展高等教育尤其应该关注研究和借鉴的重点。究其经验，可以总结为以下几点。

（一）将高等教育发展上升到国家战略层面

印度政府对高等教育的重视是建成世界一流大学的重要原因。虽然我国已经将中国高等教育的发展看作转变中国当前经济发展模式、培养社会急需的创新型人才的迫切需要，但是与印度相比，我国对高等教育的重视程度还需要进一步加强，需要将高等教育在国家复兴与崛起中的重要角色进一步强化。同时，在发展高等教育方式上，除了持续性的经费支持外，还需要对高等教育的发展进行国家层面的整体设计，出台相关政策和制度，协调各个部委的相关制度，让高等教育发展成为国家一系列政策的共同指向。

（二）支持和激励高校的国际化

在高等教育资源与基础都比较薄弱的情况下，借助国际高等教育资

源，实现教师国际化、学生国际化、教学国际化和管理国际化，是印度在短时间内建设世界一流大学的共同经验。一是要建立国际化的人才培养管理制度。虽然印度的国情不同，但是在人才培养的入学考试选拔、课程设置、教学方式、师资队伍建设、考试制度设计等几个关键环节都学习世界一流大学，采用了灵活的管理制度，这种制度设计能够给予学生选择"学什么"的自由权，让学生成为学习的主体，真正实现"以学生为中心"，同时，制度设计也能够激发教师进行教学课程改革的主动性和积极性。二是要多种途径实现教师的国际化。印度大学教师的国际化特征非常鲜明，通过引进或吸引国际相关领域和学科的带头人，与其他世界一流大学共享优质教学科研资源，使学校教学、科研水平达到国际水准、站在学科前沿，从而吸引优质生源；在制度保障上，也设有专门的机构进行此项工作。同时，现有教师队伍的国际化也是非常重要的内容，通过海外进修、培养和科研项目的国际合作等方式，促进教师队伍的可持续发展，吸引和留住优秀教师。三是要重视实现学生的国际化。在学生构成方面，重视学历留学生的培养及相关培养机制的建立。对我国大学来说，还有助于促进高校教学管理体制的改革。在学生的教育方面，增强中国学生的国际化学习背景，大力发展与国外一流院校的联合培养项目，或者建立海外分校等，努力为学生提供国际化的学习环境，减少优秀生源的流失。

（三）学习印度高等教育的"保留政策"

印度高等教育的"保留政策"一直在印度高等教育中发挥着重要作用。在世界范围内产生了重要影响，同时也争议不断。通过对印度高等教育"保留政策"的背景、历史、作用及问题进行分析，希望为我国高等教育的入学政策有所借鉴。印度作为在学生数量方面紧随中国、美国的世界第三大高等教育系统，拥有庞大复杂的高等教育体系。针对存在的问题，印度政府采取了相应的对策，包括重视大学师资队伍建设、改革高等教育、加大对高等教育的投入、大力吸引国外优秀人才回国内高校发展等。

（四）印度附属学院的改革对我国高等教育的启示

印度附属学院是印度大学附属制的产物。附属学院主要承担本科生教育，但没有颁发学位的权利。它需要依附于某所大学，开设能够获得此大学学分的课程，最后附属学院的学生需参加大学组织的考试，通过考试才能获得大学颁发的学位证书。印度大学附属制度伴随着印度现代高等教育的建立而产生，并随着印度高等教育的发展而发展，对推动印度高等教育大众化，节省高等教育的公共经费、促进教育平等有着不可忽视的作用。但是由于附属制度自身的一些缺陷，它也给印度高等教育带来了一些消极的影响，尤其是教学质量问题一直是印度大学附属制度受到广泛质疑和批判的。对此，印度政府采取了一些改革策略。首先是改革办学体制，倡导大学自治。将部分教学质量较高的、有实力的附属学院改造成自治学院，并且将部分私立附属学院赋予"名誉大学"的身份。其次是提高附属大学师资水平，对高校教师提供在职培训。同时印度政府采取"学位与职位分离"措施来缓解高校毕业生失业困境。

我国独立学院与印度附属学院有许多相似之处。当前我国独立学院正处在转型期，面临着新的发展路径的选择。我们能从印度附属学院的改革中学习到以下几点：要明确独立学院的定位与发展方向，突出办学特色；要建立稳定的师资队伍；明确独立学院与母体大学的关系，保持相对独立性。

（五）值得借鉴的国际化发展模式

国际化发展模式是印度在国家经济基础薄弱的条件下发展高等教育

的选择。借力发达国家和世界一流大学，充分利用全球的资源、技术和人才，开展多种形式的国际交流合作，实现教师、学生、课程设置、教学理念、教学科研设备的国际化等，使人才培养的各个关键环节在短时间内与世界一流大学对接，维持并提高大学的学术水准，培养高水平的国际型人才，增强整个国家的竞争力，是印度建设世界一流大学的成功经验。综合其国际化办学战略，可以概括为四方面。

一是办学目标的国际化。印度理工学院致力于培养世界水准的工程师和科技人才，建设世界一流大学，实现印度的工业化，促进国家发展。

二是课程体系的国际化。进行课程调整和改革，提倡通识教育和跨学科的学习方式，吸收美国的学分制和选课制，开设培养学生国际意识和全球意识的国际性课程，实施课程的校外评审制度等。

三是师资生源的国际化。政府和高校通过多种方式吸引世界知名学者来校任教、开设课程、培训教师等，会聚了大批高水准的师资。

四是教育合作的国际化。与世界知名高科技企业合作建立实验室，与世界一流大学合作设立海外分校，通过开展双向的学生交流、学术人员的国际交流，开展合作研究项目等，增加学生的海外学习经历，提高参与国际科技竞争的实力。

中印两国在扩展高等教育规模的同时，在寻求提升高等教育质量、财政资助、培养合格的学术人员、建设可持续发展的学术文化等方面的挑战十分严峻。在正在兴起的国家新兴重点学院、私立高等学院，高等教育国际化是一个关键因素。中印两国都在努力提升全球形象，实施开发国际教育项目的策略。作为全球增长最快的两大经济体，高等教育对中印两国未来的经济增长具有重要作用。

# 第二节　"印度理工学院"式的精英教育

在国际竞争日益激烈的今天，国家间的合作和较量主要依赖于本国的高新技术人才，因而世界各国争相打造能够培养一流人才的世界一流大学。但目前，顶尖的高校往往集中在欧美发达国家，发展中国家在这一方面较为落后。作为印度高科技产业发展主要动力的印度理工学院，它的崛起让人们眼前一亮，也促使身为邻邦的我们不得不对这一特例探个究竟。印度理工学院作为印度高等教育中的"国家重点学院"，从1951年创建第一所卡拉格普尔分校时就以创建世界一流的理工大学为目标。在印度政府的大力支持下，经过半个多世纪的发展，印度理工学院已经成为印度顶尖的大学，被印度国内及国际社会所认可，并形成了自己独有的高品质的品牌形象。以一流大学为自己的发展标准，又成功地实现了这一目标，它的发展经验对于我国创建世界一流大学都会有一些启发。

## 一、办好顶尖教育研究机构，培养一流的学术人才

印度专门化的精英学术机构，虽然数量少，但其质量却受世人瞩目。它们非常重视培养师生的创新能力以及创新人才环境的营造，其研究成果能紧跟甚至超越世界科技发展的前沿。

印度国家重点学院拥有一支在教学和科研方面具有丰富经验的高水平师资队伍。国家重点学院的绝大多数教师都积极从事科学研究，而"两耳不闻窗外之事"。

从活跃在国际竞争舞台中的精英来看，印度的教育方式和理念有许

多可取之处。

第一，集中资源办"精英教育"，形成自己的优势。由于资源本身不足，印度采取教育制度的不平等，最终演变出"精英教育"——集中资源培养精英式的人才。印度理工学院本身就是这种精英教育的最好体现，集中大量资源到这所国内最好的大学，聚集最好的老师，给予老师足够高的待遇和社会地位。当然，印度能成为精英的人大多数是"高种姓"的人，但为了给予社会阶层低的人更多机会，政府也会给予弱势群体一定数量的学位，并且通过提高招生透明度确保按既定的份额分配。

第二，印度理工学院校内，以尊重学生为本，让学生自由成长。当印度的小孩子入学时，校长会对家长说："你可以给他们你的爱，但不是你的想法，因为他们有自己的想法。你可以安置他们的身体，但不是他们的灵魂。"这种理念的核心，其实就是对学生的最大尊重，老师和家长的角色并不是管理和指导，而是辅助和支持学生。在这样的教学理念下，学生的身心成长能得到最大限度的自主。

第三，不注重成绩，提倡全力参与。印度理工学院有一个很突出的特点，就是不管学生的成绩究竟如何，都鼓励学生尽全力去参与。这样的思想既体现在学习成绩上，也体现在日常的方方面面。在 5 年级之前，学校甚至很少考试，只要求学生学习自己喜欢的内容。学生可以根据自己的兴趣和特长，选择手工、体育、绘画、舞蹈等课程。不管学生最终的成绩怎样，只要参与了，尽力去做了，就会得到鼓励。这样的结果是，学生会把"是否全力以赴"作为衡量自己的标准，而且在未来做其他事情的时候，也会这样要求自己。

第四，随机应变，灵活处理问题。在印度文化中，有一种叫"Jugaad"的思想，翻译过来，可以理解为"随机应变"，或"寻找替代方案"。形成这样的文化，或许正是因为印度人口众多，资源紧缺造成的。在印度人看来，如果问题无法完全解决，那么能够寻找到最好的办法，解决50%也是好的。在教育上，则表现为，处理学术问题不应该局限于某一种途径或方式。如果问题没有最终答案，那就用所能想到的最好办法去解决，在还没有解决问题最好的办法时，退而求其次也值得一试。

### 二、印度理工学院独具特色的创新体系

印度最具影响力的知识产权界专家马舍尔卡曾在《科学》杂志上撰文指出："如果印度发展得当，它将在 2020 年成为世界上头号的知识生产中心。"之所以给出这样的趋势性判断，原因在于印度形成了较具特色的创新体系。

一是创新模式特色——隐形创新。

印度理工学院用自身独特的案例告诉我们，对于创新形式的认识应该突破原有的窠臼。创新不一定非得是大众都知道的创新，不一定非得是针对应用市场和终端用户的"终端创新"，也可以是制造产品的新工艺方法乃至新的组织管理和营销商业模式等"过程创新"。面临成本和竞争的压力，大量印度企业正致力于高附加值研发服务——"隐形创新"而非"显形创新"。

相对于"显形创新"而言，"隐形创新"同样是具有力量的创新。印度在其"隐形创新"中积累的技术和能力，通过企业家精神引领、雇员流转、副产品溢出、新机遇创造等途径，有助于培育出大批才华卓越的商业领袖和技术精英，从而间接地孕育出最终的"显形创新"。

二是创新路径特色——逆向创新。

2006 年，法国雷诺汽车公司 CEO 卡洛斯·戈恩最早使用"节俭式

工程"来描述印度塔塔公司 NANO 汽车的研发工作，意指在尽可能低的成本条件下进行工业设计和制造。此后业界和学术界便用"节俭式创新"来特指那些专门为新兴市场中低收入群体开发的可负担的产品与服务。

深受"甘地精神"影响的印度最早兴起了"节俭式创新"潮流，印度理工学院对传统创新范式进行了根本性颠覆并取得了较大成功。正在着力打造"世界级水准的超低成本技术"，他们专门从精挑细选的高成本技术中入手进行逆向创新。此后提出"逆向创新"，即为新兴市场而创新开发的节俭式产品首先在发展中国家采用，然后推广到发达国家的现象。

三是创新主体特色——草根创新。

印度自独立以来就有持续不断向发达国家"人才外流"的趋势。但近些年情况有所改观，"人力资源"出现回流，特别是印度年轻人。印度班加罗尔的 JohnF. Welch 科技中心，是通用电气（GE）在全球建立的最大研发基地，拥有 2300 个雇员，其中 700 名印度年轻人都是从美国回来的。正是这些印度年轻人不断进行工作流程创新，奠定了印度企业内"草根创新"的基石。

印度理工学院教授阿尼尔·古普塔于 1988 年创办了"蜜蜂网络"，通过各种方式搜寻民间"草根创新"。为突破资源匮乏的窘境，印度民间迸发出更大的创造力——如用陶土制作不用电的冰箱、拆掉废旧随身听上的马达来带动风扇、发明节水水泵等。仅与自行车相关的创新就有几十项，如水陆两栖自行车在水患频发地区有巨大的应用前景。"蜜蜂网络"搜集到这些创新后，按标准格式输入数据库，任何人都可在网站上查询这些草根创新及其创新者的名字和联系方式，从而实现创新产业化。

为鼓励和推广更多的民间"草根创新","蜜蜂网络"推动成立了其他几家机构,共同构建了一个创新支持体系。2000年,在古普塔的大力推动下,印度政府出资500万美元成立了"印度国家创新基金会",致力于鼓励民间"草根创新"。

古普塔将"蜜蜂网络"的模式称作"G2G模式"（Grassroots to General),它已帮助很多民间"草根创新"在更广泛的地区内得以应用,甚至冲出印度走向世界。在惠及亿万穷人的同时,"蜜蜂网络"通过实践向世人表明:必须尊重和重视人民的智慧,通过各类政策和制度来推进民间个人创新发明。

四是创新研究特色——知识创新。

研究型大学的知识创新就其特点来说,主要是依托学科进行的,不同学科在各自的领域内,自发地形成了以具有影响力的学科带头人为核心的群体,他们背靠科研创新平台和具有相对稳定性的研究基地,瞄准国家需求和科技前沿,通过承担重要科研项目和产学研合作,开展研究和创新工作,通过项目会聚研究团队,凝练研究方向,在创新研究中培育创新人才,从而促进学者的自主发展、学生的全面发展和个性发展。[①]

### 三、印度理工学院管理上的创新

印度理工学院的成功不仅应归功于政府的大力支持和国际社会的援助等这些宏观的外部原因,其深层次的原因更在于学院内部一些独到的管理特色。

首先,管理体制是高校成功之根本,印度理工学院独特的三级治理

---

[①] 周及真. 印度创新特色面面观［EB/OL］,中国政策研究网,2018-8-20.

结构，架构了以学术为主导地位的大学制度，保证了学院充分的自治权力。

其次，学院严厉的教学风格，产学研相结合的实践课程与国际化的教学管理特色，培养了全方位的具有国际竞争力的人才。

再次，在科研上，通过承载学院科研的三个层面，走与国内外高水平合作的道路，把科研与人才培养相结合，使印度理工学院科学研究硕果累累。

最后，学院在国际化的资源视野下，通过各种人力资源项目及课内外活动来提升师资的水平，开发学生的能力，保证学院师生的优秀素质。正是这些独到的管理特色，在根本上成就了印度理工学院的一流之路，也因为它的优秀，使其在发展过程中遇到了政府干预、人才外流等挑战。但总体来说，印度理工学院所取得的成就是举世瞩目的，尽管当前其发展面临着一定的挑战，但其成功的经验是永不过时的，值得教育研究者们进一步深入研究和借鉴。

### 四、印度理工学院现代高等工程教育体系值得借鉴

中国和印度同为发展中国家，都面临着通过革新科学技术来提高综合国力、国际竞争力和国际地位的紧迫任务。印度理工学院因其科学而独特的人才培养模式已经率先培养出了一批高品质的工程师，其中相当一部分已经成为印度本土和美国高科技领域的领军人物。我国正在实施的"卓越工程师教育培养计划"特别需要借鉴印度理工学院工程教育的成功经验，参考其人才培养模式结合国情进行大胆变革，以提升学生的工程实践能力、创新能力和国际竞争力，构建结构优化、类型多样、主动适应经济社会发展需要的现代高等工程教育体系，加快我国向工程

教育强国迈进。①

## 第三节　教育领域的跨国合作

印度理工学院能在短短 60 年的建校时间内快速发展，成为世界一流大学，与其坚持走国际化合作办学的道路分不开。其国际合作办学有观念先行、定位明确、特色突出等特点，值得我国借鉴。

### 一、国际合作，资源共享

印度理工学院坚持走国际合作之路，与国际知名的工程教育和科研机构合作为其发展提供了一个高水平的平台。最早建立的卡拉格普尔分校率先仿效麻省理工学院的运行模式构建起一整套完善的教学、科研和管理制度，从而实现了与国际一流理工学院的并轨。印度理工学院先后与联合国教科文组织、苏联、美国、德国等国家建立了较深入与广泛的国际合作：接受发达国家的技术与资金援助，联合创办或通力发展了印度理工学院的坎普尔分校、孟买分校、马德拉斯分校和德里分校。其中联合国教科文组织和苏联协助筹办了孟买分校，德国与印度理工学院合作发展壮大了马德拉斯分校，美国与印度理工学院合作开展的印美项目援建了坎普尔分校，等等。国际合作不仅使印度理工学院获得了资金、设备、教师培训、技术、图书资料等方面的资助，也带来了先进的教育理念，革新了学院的管理制度；通过与欧一流大学开展教学和科研上的国际合作，印度理工学院能够及时了解国际科技前沿的发展动态，甚至

---

① 李硕豪，刘孟玥. 印度理工学院的人才培养特点对我国"卓越工程师教育培养计划"的启示［J］. 黑龙江高教研究，2012（8）.

借助世界一流大学的力量开发了一系列独具特色的课程和价值较高的科研项目；在办学模式上，印度理工学院各分校纷纷按照世界著名理工学院的制度、管理和标准进行运作，如马德拉斯分校已经通过 ISO9001 质量认证。就师资和学生的国际性而言，印度理工学院一方面借助国际合作的方式提高学校已有教师的教学与科研水平，比如，马德拉斯分校、坎普尔分校、孟买分校等在邀请世界知名大学的著名学者到印度理工学院为教师讲授培训课程的同时，也选拔优秀教师代表到世界著名大学进修。另一方面，也提供丰厚的待遇，在世界范围内招聘优秀教师。印度理工学院较高的教学质量也吸引了世界各地的学生，特别是研究生的来源十分广泛，同时也顺理成章地把印度理工学院的毕业生送到世界一流理工学院继续深造。

### 二、注重国际资源，走国家合作的道路

印度在其高等教育系统的发展过程中，一直注重海外资源，与联合国教科文组织、世界银行以及美国、德国等发达国家等开展了合作。目前，印度的许多高校都与国外的知名机构建立有合作关系，通过交流与合作，不断吸收国外的先进知识与技能，培养本国的人才。以印度理工学院及其分校为例，在发展过程中分别与德国和美国签署了合作协议，由美国和德国向印度理工学院派遣教授、专家，为其提供先进的设备、书籍和期刊，与之开展联合研究项目，合作培养硕士和博士。

印度政府很早就意识到进行高等教育国际交流与合作的重要性。印度第一任总理贾瓦哈拉尔·尼赫鲁（JawaharlalNehru）指出，为了让独立后的印度实现其内在的潜力，必须大力发展教育，他重点强调了高等教育和学校的作用，提出要将教育作为外交手段进行国际间的交流与合作。通过积极主动地同其他国家和海外大学进行教育交流与合作，印度

高等教育取得了显著的发展。

当前，在科技和交流不断发展的背景下，教育可以为一国搭建一座与世界沟通的桥梁，相信世界变成一个地球村的目标指日可待。

### 三、对中国高校办学的启示

中国大学在理念、制度、功能、师资、学科建设等较世界一流大学还有一些缺失和不足，应当转变观念，积极走出去和引进来，坚持合作办学的方针政策不动摇。在国际合作办学的过程中，应当定位明确，把目光主要瞄准发达国家及一流大学，当然也不能忽视一些发展中国家有特色的大学。与此同时，合作办学的领域应当有所选择，最好能够发挥已有的教学及研究等方面的优势，聚焦于关系国计民生的领域，例如，经济发展、解决贫困、人口、环境污染及整治等，有的放矢地引进先进国家及一流大学的优质的教育资源，要充分利用联合国教科文组织、计划开发署、世界卫生组织、世界银行等一些国际组织的中介作用，发挥它们在信息、资源、经费等方面的优势。

党的十九大报告指出，要以"一带一路"建设为重点，坚持引进来和走出去并重，遵循共商共建共享原则，加强创新能力开放合作，形成陆海内外联动、东西双向互济的开放格局。"一带一路"倡议彰显了新时期中国国际合作观的理论与实践创新，尤其是在扩大对外开放和发展对外关系上更具新亮点。中印两国应当在"一带一路"倡议下加强双方教育交流合作，构建中印教育人才交流与合作机制，构筑多样化合作模式与载体，加强学生的国际流动，扩大合作规模，提升人才培养质量，促进中印双向留学生良性发展。

# 第四节 独具特色的三语教育

## 一、印度学生学习都被要求用"印地语、英语和邦地语"三种语言

印度语言教育的三语方案，既巩固了官方语言印地语的地位又使英语的影响力得到增强，同时也保护了地方民族语言的发展。印度宽厚的英语教育社会基础造就了良好的英语教育环境。印度英语教育对高端人才培养产生积极的影响，印度软件开发和 IT 应用型人才具有庞大的规模和雄厚的实力。

一般认为，英国对印度的殖民统治始于 1757 年，一直到 1947 年印度宣布独立。在长达两个世纪的英国对印度的殖民统治期间，英语在印度得到广泛而深入的渗透，并潜移默化地为印度民众比较普遍地接受，而且取得了第二官方语言的地位。

独立后的印度政府为干预和协调作为外来语的英语文化的发展与主流民族语言印地语及其他民族语言文化继承与发展的冲突，有针对性地制定了语言政策。1949 年 11 月，印度制宪会议通过了《印度宪法》（以下简称《宪法》），《宪法》于 1950 年 1 月开始施行，《宪法》规定印地语和英语同为印度官方语言，规定《宪法》实施 15 年内英语在联邦各官方场合可以继续使用。国家高等司法部门的诉讼用语、国家和邦级立法机构通过的法案或修正案、国家和邦级首脑发布的政令，均使用英语。然而，《宪法》对英语使用的干预和限制并没有取得预期效果，英语在印度依然强势，地位进一步加强，影响继续深入。现在英语仍然是印度的第二官方语言。

　　印度为调和英语教育与民族语言教育的矛盾，1963 年制定了《官方语言法》，这是一部关于语言教育政策的法案，提出著名的三语方案：规定印度学校要进行三种语言教育，每所学校首先要教授印地语或本地语，其次是英语，最后是其他印度地方语言和印地语，这也就是规定了印地语和英语是每个学校开设的必修语言课程。三语方案比较有效地巩固了印地语的地位，同时也使英语的影响力继续增强。

　　印度《2008 年教育权利法案》规定，教育权利是全体人民应该享有的基本权利。所有 6~14 岁的儿童必须接受义务教育，国家将不断提高对那些经济条件差的地区进行额外照顾。所有印度小学生都被要求学习（印地语和英语、邦地语）三种语言，这样可以保证不同语言群体间自由交流，也有助于促进社会和谐。因此，在印度的教育体系下，印度学生至少懂三种语言，这无疑是印度学生的一个优势。当前，中国正在打开国门、广泛融入国际社会，我认为印度这一做法值得借鉴。

　　印度不同族群人口间口头语言纷繁众多。至少 30 种不同的语言及 2000 种方言已经被辨识出来。印度宪法规定印地语和英语这两种语言为政府交流用语言。另外，印度宪法亦划分出 22 种预定语言，这些语言出于行政目的可以为不同邦政府所采用，也可以作为不同邦政府之间进行交流的工具或政府公务考核语言。

　　大体上，英语已经在 1965 年终止了它唯一官方语言（或与印地语相同的）的地位，但依旧保留了它"第二附加官方语言"的地位，直到一个被指定（负责该事宜）的委员会在经过周期性考察后决定（将官方语言）全面转换到印地语。无论如何，因为有来自诸如印地语使用率很低的泰米尔纳德邦的抗议，这种"双语言"系统仍然在流行。由于印度全国正在快速工业化，以及受到国际经济交流的影响，英语仍然非常流行并且在日常商业活动和政府交流中发挥重大作用，以至于试图取代其地位的努力功效不大。

最重要的是印度很多院校直接使用美国原文课本，于是到了美国工作实习，尽管有口音，但使用的都是本专业的英语，非常地道。而中国式的英语教学，读了英文想中文，而且英文也不是原装的，等到说英语时又先想汉语，且不十分地道。

### 二、维护民族语言文化的传承①

印度的官方语言有两种，一种是英语，另一种是印地语（本土语言）。印地语（Hindi language）是印度的两种官方语言之一。属印欧语系中印度-伊朗语族印度语支，是由古梵语发展而来的一种现代印度-雅利安语言。分布于印度中部和北部的中央直辖德里特区等地区。它是印度国内最为通行的一种语言。

在毛里求斯、斐济、特立尼达和多巴哥、圭亚那、苏里南等地的印度裔居民中也有相当数量的人讲印地语。该语言覆盖总人数仅次于汉语，为世界第二大语言。

2019 年 6 月初，甫胜选的印度人民党随即推出了就任以来的第一份议会草案——新教育政策草案（The Draft New Education Policy，简称NEP），规定在联邦内部实行"三语政策"（本地语、印地语和英语）的同时，强制性要求"非印地语邦"的学生自 6 年级（初一）起开始学习印地语。

该草案中关于加强梵文教育的推广和研究，同样引起了外界的注意，认为这两点透露出了莫迪欲借助印地语和梵文教育来实现其重塑印度的雄心。

---

① 王曦. 印度语言教育及启示［J］. 齐齐哈尔医学院学报，2008，29（23）.

印度总理莫迪痴情于印地语。莫迪对于印地语一直以来情有独钟，甚至可以称得上"痴情"。早在他第一届任期之初，便于当年（2014）6月20日指示印度内政部向政府各部门和相关机构下发两份关于语言使用的通知，其中一份便是要求所有政府部门、国有企业和银行使用脸谱、推特等社交媒体时，优先采用印地语，且还要求官员在发言时也尽量说印地语。另一份通知则宣布对使用印地语处理工作最多的个人给予600～2000卢比不等的奖励。

为了树立"印度教"的正统地位，印度教的语言载体——印地语便成了其中最为重要的一环，因为语言是文明和宗教最为直接也是最为显著的工具。但是，相较于印度教的强势，印地语的弱势则是相形见绌，而这主要是由于印度地方主义的膨胀。印度的"地方主义"并非仅仅是独立后才出现，而是深植于印度缺乏"完整统一"的历史记忆，独立后的政治经济环境只是进一步催化了"地方主义"的发展成熟，且逐渐形成联邦—地方的国家政治双轨制。其中，"地方主义"在文化上突出表现为以语言建邦的立国理念在思想上的持续发酵（印度各地方邦拥有22种公认的官方语言，且超过500万人使用的非官方流行语种则还有14种），使得印度部分地区陷入了"婴儿民族陷阱"，削弱了对于国家的整体认同感，极大地阻碍了联邦内部的交流与沟通。莫迪即任后随即推出了这条草案，其背后的目的就是希望借助于自身和人民党"印度教"的色彩来推动印度"文化上的统一"，并以此作为进一步中央集权以实现内政改革的国家目标。

### 三、印度学生的"英语红利"①

由于成为英国长达百年殖民地的原因，英语被许多印度人熟练地使

---

① 万大林. 印度学校英语教学的启示 [J]. 课程·教材·教法, 2001 (9)：77-78.

用着。

英语在印度传播、扎根、发展并取得官方语言的地位，是有深刻的历史原因和厚重的民众基础的。英语在印度起到的积极作用是主要的，印度语言众多，包括印地语在内没有哪一种本土语言能成为印度的通用语言，在官方场合和公众语境，英语起到各本土语言相互沟通的媒介作用。印度的学校英语教育有学前教育、小学教育、初中教育、高级初等中学教育、高中教育和大学教育，英语学校教育 15 年。印度为普及初等教育，鼓励发展民办教育，建立了很多私立学校。私立学校的英语教育比公立学校有更高的教学质量，原因是私立学校创设了比较自然的语言习得环境。印度的家长把学生能获得卓越的英语交际能力看作英语教育成功的重要标志，熟练的英语交际能力使人才发展有丰厚的回报。

印度坚实的英语基础教育和务实的教育体系，创造了人才培养的有利环境，也培养了大量与现代科学技术接轨的应用型人才。

国际一流高端人才必备的条件之一是通晓英语，能有针对性地查阅筛选英语学术资料和融会贯通地理解英语学术资料的科学原理，能很容易地快速撰写英语学术论文；在国际学术会议上能准确理解其他专家的报告和发言，能正确地用英语表达自己的学术成果。在印度英语教育的背景下，很有利于使人才培养达到这样的英语水平。印度许多学生从幼儿阶段就接受良好的英语启蒙训练，英语思维方式和习惯逐渐养成，经过 10 年的英语基础教育和两年的高中英语教育到上大学前，英语听、说、读、写技能已达到很高的水平。

印度 IT 产业在世界领先地位取决于雄厚的 IT 人才队伍优势，而 IT 人才要具备良好的英语应用能力。

**四、印度英语教育对加强我国英语教育的启示**

印度语言教育政策，印度英语教育的历史和现实条件，印度英语教育的成就，印度的基础英语教师培训等英语教育社会基础的相关问题，对探究我国英语教师培训改革的路径极具借鉴启示价值。

印度基础英语教师培训对我国基础英语教师培训有许多可借鉴之处。我国基础英语教师培训要创建提升教师培训动力的运行机制，要构建教师培训的多元模式，也要建立对培训主体机构的评估制度。

创建提升教师培训动力的运行机制。英语教师培训的效果取决于教师自身的努力，教师接受培训的主观能动性调动不起来，被动地接受培训，很难产生高的效率和好的效果。如何能够很充分地调动教师接受培训的主动性，需要创建有效的运行机制。

要建立英语教师工作考核评价机制，考核的方法要科学，考评的内容和指标体系要能准确地反映教师的工作质量和对人才培养的贡献，要让教师在工作中有目标、有遵循，让教师懂得不努力学习，不认真接受培训，就没有宽阔的教学改革思路，也就没有理想的教学效果，当然也就不会收到令人满意的考评结果。考评结果的等级或量值会直接影响到教师的职务晋升和绩效工资。这样就能在一定程度上调动教师主动学习的积极性，提升接受培训的动力。

要完善英语教师接受培训的管理机制，在宏观上教师培训机构要依据国家教师培训政策，制定与国家经济和社会发展五年规划对应的教师培训工作五年规划，并制订相应的年度培训工作计划，列出时间表，绘出路线图。在微观上，借鉴印度中小学教师在职培训的学分制和证书制度，建立五年制的教师培训学程制度，规定每个学程的学分量值，在一个学程内获得规定的学分，方能取得证书，当然，要有相应的政策来保障证书的效力。

　　构建教师培训的多元模式。我国现行的教师培训机构主要是省、市级的教育学院和县级的教师进修学校。我国的普通高校即使是培养教师的师范院校也基本不履行中小学教师培训的职能，中小学教师在普通高校接受的是继续教育，包括学历教育和攻读学位教育，还有长期的个人进修学习。中小学教师校本培训主要是公开课观摩教学、教学改革研讨会学术交流等，但欠缺系统性和规律性。印度高校教师教育学院具有的中小学教师培训的职能值得借鉴，我国由师范专科学校升格为本科综合学院的地方高校，都具有对中小学教师培训的实力和优势，要发挥这些院校对中小学教师培训的作用；对于校本培训，要开展系统性的、有规律的、务实的教师培训工作，这样就能实现英语教师培训的主体机构多元化。

　　受印度中小学教师培训模式的启示，我国基础英语教师培训的目标和内容要实现多元化。教师培训不应该仅仅是专业知识和业务能力的培训，而是让教师的专业知识、业务能力和综合素质协调发展。教师培训的目标和内容多元化可促进教师教育教学思想观念更新，从容驾驭教学内容，探索创新教育模式，熟练利用现代教育技术；教师要学会反思自己工作的得失，明了问题产生的根源，洞察事物发展的过程，判断事物发展的趋势和结果；要促进教师养成终身学习和自我发展的意识，为实现教师培训目标而确定的培训内容要适时更新，体现时代性。

　　英语教师培训的方式和形式要实现多元化。2010 年，教育部和财政部联合发布《关于实施"中小学教师国家级培训计划"的通知》，"国培计划"强调短期集中培训与中长期培训相结合的中小学教师培训方式，无独有偶，长短期培训相结合也是印度中小学教师培训的一个特点。我们要积极落实"国培计划"强调的短期集中培训与中长期培训相结合的中小学教师培训方式。但是要"处理好短期集中培训与中长期专业系统培训的关系"。对此，印度给我们的启示是要继续并加强创新教师培训的方式方法。

## 第五节　职业技术教育与高等技术教育的快速发展

### 一、印度职业技术教育的快速发展

印度、中国两个国家有许多类似之处：农业大国、人口众多、生产力水平相对较低、在经济建设和发展中迫切需要大量的专业性技术人才。因此，印度发展职业技术教育的经验是值得学习的。近年来，国内的一些专家学者对印度职业教育的高素质人才培养途径逐渐重视，借鉴、运用印度一些优秀的经验对中国的职业技术发展提供帮助。

印度于1947年独立后，开始实施计划经济，职业教育被纳入国家五年计划。1948年具有重要意义的中等教育委员会成立，针对当时出现的教学内容单调、教学方式单一等问题，该委员会建议开设多样化的课程。1968年《国家教育政策》提出统一使用"10+2+3"学制，并在中等教育中增加了中等技术教育和职业教育。1986年的《国家教育政策》中提出要进一步明确职业教育在整个教育体系中的地位。值得注意的是，在20世纪80年代，受到"科教立国"的国家发展战略与"精英教育"的教育定位，印度采取了产、学、研相结合的方式培养科技人才，IT职业教育快速崛起，形成了以印度理工学院为代表的世界一流大学。自21世纪伊始，印度对职业教育的探索经历了从初步发展到准确定位的历程，不仅积极借鉴发达国家的成功经验，而且努力传承本国文化。2012

年，印度政府颁布"国家职业教育资格框架"（National Vocational Education Qualifications Framework，简称NVEQF），将职业教育学历与普通教育学历对等，完善了职业教育体系，对促进印度职业教育发展具有重要意义。①

印度的职业技术教育体系包含职业教育、技术工人培训、技术员教育和工程技术教育。简单来说，印度职业教育体系分学历教育和非学历培训两类。

印度职业技术教育发展有以下特点：市场驱动，重视课程开发，管理体制完善，社会认可毕业后获得的证书，行业企业参与支持职业技术教育，重视信息技术教育。

（一）印度的中等职业技术教育发展

中等职业技术教育的类型通常是在普通教育10年的基础上进行的继续教育。

印度中等教育主要目标是解决毕业后就业问题，提出了"自我教育"。我国中等教育主要目标：一是为高校输送合格人才，二是为社会培养有一定技能的劳动者和知识及技能。

印度的中等职业教育主要由各邦管理，因此，实施中等职业教育的学校种类较多。但是典型的中等职业教育机构有三种：一是实施技术教育的多科技校（培养技术员的中专校），二是实施职业教育的工业训练学校（技工校），三是实施以就业为导向教育的高中职业流［职高和高中职业班（流）］。另有师培机构。

印度的自我就业教育是印度中等职业教育的一个重要改革，1980年国家专门设置了自我就业教育委员会。

---

① 向元钧. 中印职业教育比较研究［J］. 南亚研究季刊，2018（4）.

一是推行"自我就业教育"。鼓励学生自找就业门路，不要只是求职者，而应是工作的创造者，自我创业。印度自我就业的重点主要放在制造业方面，现在鼓励青年在销售和服务部门创造自我就业的机会。而在中国个体经济的发展主要集中于销售和服务业，这是中印两国在自我就业方面侧重点的不同。

二是变"结业性"为"双向性"，学生高中毕业后可升入大学继续学习，又可离开学校参加工作。

三是成立"新式学校"（收农村的优生尖子生）全免费的寄宿学校。

中等教育的课程分两部分，一部分是学术性的，为升学做准备，另一部分是职业性的，为就业做准备。

在印度，传统的轻视体力劳动的观念以及脑力劳动和体力劳动的收入悬殊，使学生追求升入高等学校，他们往往不愿选结业性的职业课程或职业学校。再加上师资、设备和经费等原因，印度的职业技术教育发展缓慢。

用多种方法进行职业训练。为了提高就业人数，减少失业人员，为国家经济建设和工业发展提供迫切需要的中等技术人才，减轻对高等教育的压力，政府对中等职业技术教育也给予重视。由于种种原因，印度还有不少 14~25 岁的青少年未完成基础教育。为了提高他们的文化水平，使之掌握一定的专业知识，成为一支中等技术力量，政府采取多种方法对他们进行培养，为他们提供 30 多个工程行业和 20 多个非工程行业的职业训练，由国家统一计划安排。为此，全国设立了 356 所常设性学校和 139 所临时性学校。除公立学校外，还有不少私立培训学校。这类学校总共容纳 20 万人，训练期限为 1~2 年。另外，还有 300 多所工业技术专科学校，每年招生 5.6 万人，分全日制教育和业余教育两种。

学习期限分别为 3~4 年，培养具有中等技术水平的专门人才。

通过上述种种措施，使不少青少年成了中等技术人才，缩小文盲队伍，减少失业人员，扩充国家人才队伍，为国家建设发挥了力量。

（二）印度高等职业技术教育的发展

印度的高等职业技术教育，培养了大批科学技术人才，对国家建设和科技发展起了重要作用，从而使印度成为世界上拥有最雄厚技术力量的国家之一。

第一，强调高等职业教育的重要性。

早在独立初期，尼赫鲁总理就曾经指出："大学代表人道主义、坚韧性、理性、进步和对真理的探索。它代表人类朝向更高的目标全速前进。如果大学充分履行其职责，那么它对国家和人民都是十分有益的。"因此，印度独立初期，专门成立了"大学委员会"，制定了高等教育的方针和任务，"教育方针和计划必须适应于国家的社会发展目标，要把教育的各种不同目标统一起来，教导和影响学生不仅要获得知识，而且要训练思想，使受教育者产生共同的思想准则。""不仅向学生灌输知识，而且要发展其健康的判断能力，以满足社会各种职业的需要。"从学校领导到任课教师，都注重学生对问题的探讨和争论，鼓励学生大胆发表自己的意见和看法，注意并引导学生这方面的培养训练。

第二，完善和加强对高等职业教育的领导。

印度宪法规定，高等教育由中央政府和邦政府共同领导。独立初期，全国除几所大学归中央直接领导和管理外，大多数高等职业院校主要由邦政府负责。后来中央加强了对高等职业学校的领导，尤其到1976 年修改了宪法，凡属大学、技术和医学等高等教育，均由中央政府和邦政府共同负责。中央不仅负责高校职业的教育改革，职业院校的新建与扩建，科研机构的设立与撤销，以及高等职业教育目标的制定，而且还要负责各高校之间的协调与科研方向的确定，等等。

第三，大力加强高等职业教育投入。

为了发展高等职业教育，不断增加对高校的经费投入。

在高等职业教育方面取得了显著的成绩，具体表现在如下两方面：

一是印度现在已有一批设备先进、师资力量雄厚、科研水平较高、在国内外享有盛誉的重点大学。它们是：德里大学、贾瓦哈拉尔、尼赫鲁大学、贝拿勒斯印度教大学、国际大学、孟买大学、亚格拉大学等。这些学校规模大、人数多，为国家培养了大批人才。

二是现在印度拥有了一支宏大的技术队伍。自独立以来，培养了大批学士、硕士和博士科技人员。据统计，1950 年为 18.8 万人，1965 年为 73.15 万人，1978 年增长为 193.53 万人，1980 年增长为 194.9 万人，1982 年又增长为 250 万人，数字相当可观。

由以上看出，印度自独立以来，职业教育方面发生了不小变化，职业教育事业取得了显著成绩。

## 二、印度高等技术教育质量改进

印度加强了高等技术教育质量的改进以及高等技术教育系统内部管理能力的提升两方面的措施。包括精选优势院校、充分发挥院校自主权、拓宽院校间交流协作渠道、充分利用各种社会资源开展服务于社区、企业的活动以及注重提高教师的教学质量。

印度高等技术教育质量改进对我国有以下的启示：以优势院校教育质量的提升带动区域内院校教育质量的提高，建立由政府、社会和高等技术院校组成的多方参与的高等技术教育质量保障机制，促进课程内容及体系的现代化，通过建立教师素质保障机制加强师资队伍建设以及加速高等职业技术教育国际化的进程等方面的启示。

### 三、印度职业教育对我国职教发展的启示

为满足经济全球化和社会信息化对高素质人才和劳动力的需求，世界各国的职业教育进入一个调整巩固、在改革中发展的时期。印度的职业教育在其大力发展下取得了较为明显的、世界瞩目的成就。改革开放以来，我国经济、国民实力取得突飞猛进的发展，党和国家逐渐开始重视职业教育工作，并推动我国职业教育改革发展取得重大进展。但是随着产业结构的调整和技术设备的更新，企业对于技术工人的要求越来越高，对人才的需求也越来越迫切。

印度、中国两个国家有许多类似点：农业大国、人口众多、生产力水平相对较低、在经济建设和发展中迫切需要大量的专业性技术人才。因此，印度发展职业技术教育的经验是值得学习的。

改变以学业为导向的传统模式，以市场为驱动办好职业教育。

我国传统职业技术教育的培养形式是脱产的全日制式的，主要是对适龄学生的职前培养，这便于我国技能型人才培养的规范化，利于国家对职业教育资源的统筹管理。然而这种教育方式是以学业成绩为主，对学生的实践操作不重视，这就造成学生毕业后就业不理想。而我国的企业对高、中职业技术人才的需求十分迫切，因此，职业技术学校应该与企业合作、与产业联合，通过合作办学企业可以为学生提供实习场所和专业、技能操作场所，加强高职学校与劳动力市场的联系与适应能力。

改变以学业为导向的传统教学对解决我国职业技术教育出现的问题有很大的意义。

改变以教材为本，重视课程开发。我国的"职校"以及一些相关的培训中心对课程开发的认识不深刻，课程开发的意识不足。对职校来

说，教学是由已有的课程限制的，如果目前职校的改革不从课程调整，而只是从教学入手，那么这种改革的成效是很低的，也不可能取得质量上的提高。

其次，对职校教师的改革如果只是强调教学观念的改变，不从课程入手，那也是不会成功的。

加强师资队伍建设，完善教育管理体制。目前，我国职业教育师资队伍的数量和质量是不满足要求的。印度政府从实践中认识到，要发展职业教育、培训事业，没有一支适应现代化生产和经营管理的师资队伍，就难以培训合格的劳动队伍。因此，我国也要重视师资队伍的建设。

职业教育在整个教育体系中越来越被重视，然而管理体制很不规范，因此，我国应该借鉴印度职业教育的管理机制，各部门分工明确。提高证书的含金量，让社会认可毕业生，而提高证书含金量最根本的就是职业学校的课程设置、教学与社会的需要相结合。还应通过与企业合作办学，为学生提供专业技能学习的场所，提高学生的实践操作能力，加强高职学校与劳动力市场的联系以及学生的适应能力。

改革传统教学方法，将行业、企业纳入职业教育人才培养全日式的脱产教育是目前我国职业技术教育的主要培养模式，这种教学偏重理论知识，而忽视实践操作。所以要改革传统教学方式，将教学的主要任务放在实践教学上，借助行业、企业的实践教育资源优势，将行业、企业纳入人才培养中，培养学生的操作能力和实践技能，提升"职教"人才培养的质量和速度。

近年来，印度在国际舞台上发挥着越来越重要的作用，经济增长速度引人注目，促进印度经济飞速发展和国际地位快速提升的一个重要因素，是印度对其高质量高级技术人才的培养。印度培养的高级技术人才不仅为印度经济与社会发展做出了巨大贡献，而且遍布全球，广受赞誉。这些高素质技术人才的培养离不开印度政府长期在高等技术教育质量改进方面所做出的不懈努力。分析印度职业技术教育质量改进的成果及成功经验与特点，能为我国提高职业技术教育的办学质量与毕业生质量提供借鉴与启示。

# 参考文献

## 一、中文类参考文献

著作

1. 宋鸿雁. 印度私立高等教育发展研究［M］. 太原：山西人民出版社，2010.

2. 马加力. 当今印度教育概览［M］. 郑州：河南教育出版社，1994.

3. 赵中建. 战后印度教育研究［M］. 南昌：江西教育出版社，1992.

4. 王长纯. 印度教育［M］. 长春：吉林教育出版社，2000.

5. 赵中建. 印度基础教育［M］. 广州：广东教育出版社，2007.

6. 中印文化交流百科全书. 中印联合编审委员会［M］. 北京：中国大百科全书出版社，2014.

7. 尚会鹏. 中国人与印度人文化传统的比较研究［M］. 北京：社会科学文献出版社，2015.

8. 曾向东. 印度现代高等教育［M］. 成都：四川大学出版社，1987.

9. 瞿葆奎主编. 教育学文集：印度、埃及、巴西教育改革［M］.

北京：人民教育出版社，1991.

10. 沈有禄. 中国、印度基础教育比较研究［M］. 北京：人民出版社，2011.

11. （印）贾瓦哈拉尔·尼赫鲁著. 印度的发现［M］. 向哲濬，朱彬元，杨寿林译. 上海：上海人民出版社，2016.

12. （印）贾瓦哈拉尔·尼赫鲁著. 尼赫鲁自传［M］. 张宝芳译. 北京：世界知识出版社，1956.

13. 刘光主. 新中国高等教育大事记［M］. 长春：东北师范大学出版社，1990.

14. 林承节. 独立后的印度历史［M］. 北京：北京大学出版社，2005.

15. 孙培钧，华碧云. 印度国情与综合国力［M］. 北京：中国城市出版社，2001.

16. 黄心川. 南亚大辞典［M］. 成都：四川人民出版社，1998.

17. 董晴，论印度教育［M］. 长春：吉林教育出版社，2012.

18. 德布拉吉·瑞. 发展经济学［M］. 陶然译，北京：北京大学出版社，2002.

19. （印）鲁达尔·达特，K. P. M. 桑达拉姆. 印度经济［M］. 中译本，成都：四川大学出版社，1994.

20. 文富德. 印度经济发展、改革与前景［M］. 成都：巴蜀书社，2003.

21. 张双鼓，薛克翅，张敏秋. 印度科技与教育发展［M］. 北京：人民教育出版社，2003.

期刊

1. 刘艳华. 印度 20 世纪 50 年代以来的义务教育普及与保障情况

[J]. 经济学参, 2005.

2. 王建梁, 武炎吉. 印度高等教育结构: 现状、评价及反思 [J]. 世界高等教育, 2020, 1 (1).

3. 郭宏. 中印高等教育经费来源比较及启示 [J]. 教育评论, 2017 (3).

4. 王建梁, 赵鹤. 印度高等教育治理: 权力演变、体系建构和逻辑审视 [J]. 大学教育科学. 2018 (4).

5. 陈佳文. 印度大学拨款委员会: 高等教育应提升学生就业能力 [J]. 世界教育信息. 2016 (11).

6. 刘晓燕. 独立后印度高等教育发展模式的历史考察 [J]. 山西师大学报 (社会科学版), 2009 (36).

7. 曹淑江, 李倩. 三个发展中国家教育发展优先次序的比较研究 [J]. 中国人民大学教育学刊, 2018 (4).

8. 许清泠. 植入式民主的本土化进程——浅议印度民主政治 [J]. 黑龙江科技信息, 2012 (31).

9. 尚劝余. 甘地、尼赫鲁与印度式社会主义道路的形成 [J]. 南亚研究, 2017 (2).

10. 陈峰君. 论印度模式及其转型 [J]. 南亚研究, 2000 (1).

11. 王建梁, 赵鹤. 从"管理"到"治理": 印度独立以来教育治理的演变、特色及问题 [J]. 华中师范大学学报 (人文社会科学版), 2019, 58 (4).

12. 沈有禄. 印度基础教育投资存在的挑战与对策 [J]. 外国中小学教育, 2007 (10).

13. 王俊周. 印度现代化发展对中国的启示 [J]. 特区经济, 2008 (5).

14. 王健美，封颖. 从"一五"到"十二五"印度科技创新规划体系研究［J］. 科技管理研究，2018，38（20）.

15. 安双宏. 印度高等教育的经费紧缺及其对策［J］. 外国教育研究，2001，28（3）.

16. 安双宏. 印度基础教育发展热点问题评析［J］. 教育发展研究，2010，30（4）.

17. 安双宏. 印度地方教育管理探析［J］. 黑河学院学报，2010，1（1）.

18. 王建梁，赵鹤. 从"管理"到"治理"：印度独立以来教育治理的演变、特色及问题［J］. 华中师范大学学报（人文社会科学版），2019，58（4）.

19. 沈开艳. 中印经济改革与发展道路的比较和思考［J］. 南亚研究季刊，2012（1）.

20. 曹淑江，李倩. 三个发展中国家教育发展优先次序的比较研究［J］. 中国人民大学教育学刊，2018（4）.

21. 张继明，张丽丽. 近代以来印度私立高等教育发展历程及启示［J］. 贵州师范大学学报（社会科学版），2018（1）.

22. 刘淑华，王旭燕. 印度高等教育大众化进程中的经费来源渠道探析［J］. 外国教育研究，2016（3）.

23. 张雷. 试论印度现代化的历史经验［J］. 桂海论丛，2011，27（2）.

24. 唐克军. 印度：养成平衡传统与民主品质切［J］. 中国德育，2012（10）.

25. 史玉民、韩芳. 印度公民科学素养发展概况［J］. 科普研究，2008（1）.

26. 汪长明、傅菊辉. 印度学校思想政治教育研究明. 南亚研究季刊，2017（3）.

27. 林承节. 印度信息产业与现代化模式［J］. 科学与现代化，2005，（4）.

28. 李硕豪，刘孟玥. 印度理工学院的人才培养特点对我国"卓越工程师教育培养计划"的启示［J］. 黑龙江高教研究，2012（8）.

29. 王曦. 印度语言教育及启示［J］. 齐齐哈尔医学院学报，2008，29（23）.

30. 万大林. 印度学校英语教学的启示［J］. 课程·教材·教法，2001（9）.

31. 向元钧. 中印职业教育比较研究［J］. 南亚研究季刊，2018（4）.

32. 胡爱迪. 印度世界一流大学建设最新计划——"卓越大学计划"述评［J］. 决策探索（下），2020（8）.

论文

1. 吕美妍. 印度初等教育普及计划（SSA）实施成效研究［D］. 长春：东北师范大学，2017.

2. 郑伊从. 独立后印度高等教育经费投入问题研究（1947—2006）［D］. 南宁：广西师范大学，2017.

3. 毛悦. 大国梦想：印度经济改革与增长的深层动力［D］. 北京：中国社会科学院研究生院，2011.

4. 杨思帆. 当代印度高校与高技术产业的联结研究［D］. 重庆：西南大学，2010.

## 二、英文类参考文献

*著作*

1. SETHI K K. Child Right & Compulsory Education in India [M]. Beijing: National Publishing House. 2015.

2. SHARMA Y K. History and Problems of Education [M]. New Delhi: Kanishka Publishers Distributors, 2001.

3. AYYAR R V V. History of Education Policymaking in India [M]. London: Oxford, 2017.

4. BOROOAH V K. The Progress Ef education of India [M]. New York: Palgrave macmillan, 2017.

5. FANGADHAR DR, PATIL V K. Challenges of Education in India [M]. New York: Regal publications, 2014.

6. SINGH A K. Education and Empowerment in India [M]. London: Routledge, 2016.

7. SHAOO D S C. Corruption in Indian education system [M]. New York: Navyug books internnational, 2011.

8. SINGH B P, SINGH S, SINGH S. Education in emerging Indian society [M]. New York: A. P. H publishing corporation, 2012.

9. PAJANKAR V D, KUMAR H. Indian school education system: a holistic view [M]. Kunal: Kunal books, 2012.

10. YADAV K, KHANDAI H K, MATHUR A. Innovations in Indian education system [M]. New Delhi: Shipra Publications, 2011.

11. BOBADE B R. Omshiva Ligade. History of Indian Education [M].

Delhi: B. R. Publishing Corporation, 2017.

12. RAO P V. New Perspectives in the History of Indian Education [M]. New Delhi: Orient Black Swan, 2014.

13. CHAUHAN R S, NEGI S. Quality and Excellence in Education [M]. New York: Global Books Organisation, 2016.

14. JHA P, RANI P G. Right to Education in India Resources, institutions and public policy [M]. London: Routledge, 2016.

15. NEHRU J, "India: Speech in the constituent Assembly on December 1947", in A. Appadorai (ed.), Select Documents on India's Foreign Policy and Relations, 1947—1972 [M]. London: Oxford University Press, 1982.

16. SHARMA Y K. History and Problems of Education [M]. New Delhi: Kanishka Publishers Distributors, 2001.

17. ALTBAEH P G. Higher Education Reform in India [M]. New Delhi: Sage Publications, 1993.

论文

1. GUPTA M L. Equality of Opportunity in Education: A Case for Correspondence Education [J]. The Education Quarterly, 1977 (7).

2. Government of India Ministry of Human Resource Development. Analysis of Budgeted Expenditure on Education 2008−09 to 2010−11 [J] . The Federal Register, 2012 (3).

3. IKAUR R. Higher Education and Market Force in India [J]. International Journal of Business Management, 2014 (5) .

# 后　记

　　历时近3年，《独立后印度国民教育特殊发展路径研究》一书终于完成。自2018年3月准备申报教育部人文社科项目以来，课题组便已经在收集这一课题的相关材料。2018年7月，有幸得到专家评审的认可，本课题正式立项。

　　发展教育是国之大计，教育具有一定的公共产品属性，而初等教育的这种属性要比高等教育强，因此，按照公共财政的内在要求，国家对教育的投入应是自下而上的，即教育发展的一般路径：初等教育—中等教育—高等教育。而印度自1947年摆脱英国殖民统治之初，百废待兴，却将有限的资源投入了高等教育之中。为何印度要走这样一条特殊的教育发展路径？走这条路后的效果如何？对我国教育发展又能产生什么样的启示？缘于这样的问题，"独立后印度国民教育特殊发展路径研究"这一课题便诞生了。

　　在课题研写过程中，由于2020年年初新型冠状病毒疫情在全球暴发，给课题组的研写带来了不小的困难。幸运的是，在此之前，笔者已经完成了在印度的学习调研，并从印度带回大量的文献资料。本书最终能够顺利完成，得益于众多师友及同仁的帮助。首先感谢四川大学南亚研究所的文富德教授、李涛教授、雷鸣副研究馆员、曾祥裕老师、李建军老师、白浩同学，西华师范大学的王小丁教授，成都师范学院的郭平教授，四川时代专修学院的彭宴婷老师，他们为课题立项工作以及书籍撰写方面做出了贡献。其中成都师范学院的郭平教授撰写了本书第五章，南亚研究所研究生白浩撰写了第三章第二节、第三节。尤其感谢在南亚研究方面有着丰富经验及成果的文富德教授，他为本书作了序。

感谢翻译文献、收集资料、整理文献的几位研究生同学：潘浩文、张颖芳、赵千惠。感谢成都炎培教育科技研究院蒋明富老师的支持。

在印度教育的特殊路径发展中，我们看到了它取得的成就，建立了一批世界一流大学，为世界培养了大量的科技人才。我们也发现了在这样的路径下存在的一些问题，得到了对我国教育发展有益的启示。但笔者认为本研究十分有必要继续下去，接下来有几个方向值得我们继续深入下去，例如，如何借鉴印度职业教育的发展建立我国职业教育体系；印度高质量发展高等教育的模式是否能运用到我国"双一流"的建设中；如何实现将人口大国向人力资源强国迈进。

由于笔者研究水平有限，本研究还有许多不足之处。路漫漫其修远兮，学术之路上，笔者将怀着一片赤诚之心继续走下去。

向元钧

2022 年 1 月